Kurt Bohr/Peter Winterhoff-Spurk (Hrsg.)

Erinnerun

D1721040

Schriftenreihe der
Saarländischen Gesellschaft für Kulturpolitik e.V.

Kurt Bohr / Peter Winterhoff-Spurk (Hrsg.)

Erinnerungsorte

Ankerpunkte saarländischer Identität

RÖHRIG UNIVERSITÄTSVERLAG

ST. INGBERT 2007

Bibliografische Information der Deutschen Bibliothek
Die Deutsche Bibliothek verzeichnet diese Publikation in der Deutschen
Nationalbibliografie; detaillierte bibliografische Daten sind im Internet über
<http://dnb.ddb.de> abrufbar.

Umschlag: Merguet Werbeagentur
Satz: Sascha Hantschke, Sankt Ingbert
Druck: Strauss GmbH, Mörlenbach
Printed in Germany 2007
ISBN 978-3-86110-425-4

Inhalt

Kurt Bohr

Einführung

Das Saarland ist der kleinste Flächenstaat der Bundesrepublik Deutschland. Seine Geschichte als politisch eigenständiges Territorium reicht weniger als ein Jahrhundert in die Vergangenheit. Erst mit dem Ende des ersten Weltkrieges und durch den Friedensvertrag von Versailles erscheint das Saargebiet erstmals als eigenständige politische Einheit auf der historischen Bildfläche, und zwar unter dem Protektorat des Völkerbundes.

Die Saargegend war auch in vielfältiger Weise Zankapfel zwischen Deutschland und Frankreich. Die Bischöfe von Metz und Trier teilten sich die religiöse Oberhoheit über die Saarregion und es gab zahlreiche dynastische Verflechtungen mit Lothringen. Das deutsche Reich und die französische Krone regierten über Teile des Territoriums bis weit ins 18. Jahrhundert, danach die Königreiche von Bayern und Preußen.

Die Menschen in dieser Region haben über Jahrhunderte lernen müssen, unter wechselnden Herrschaften zu leben und sich mit den Verhältnissen zu arrangieren. Auch im Wirtschaftsleben seit Beginn des Industriezeitalters war es nicht viel anders: Die Bosse und die leitenden Angestellten kamen überwiegend von Außerhalb, „aus dem Reich", wie die Saarländer sagen. Die Einheimischen stellten das Gros der Arbeiterschaft, der kleinen und mittleren Angestellten, nur wenige erreichten Spitzenpositionen.

So ist es nicht verwunderlich, dass hierzulande ein autochtones, selbstbewusstes oder gar stolzes Bildungsbürgertum nicht heranwachsen konnte.

In dieser historisch-soziologischen Entwicklung liegen wichtige Wurzeln der saarländischen Identität.

Auf Anregung von Prof. Dr. Winterhoff-Spurk und unter seiner Führung beschäftigt sich seit geraumer Zeit eine Arbeitsgruppe von Mitarbeitern der Saarländischen Gesellschaft für Kulturpolitik (Gerhard Ames, Uli und Manni Jacobs, Burkhard Jellonnek, Frank Johannsen, Rena Wandel-Höfer, Stefan Weszkalnys) mit Erinnerungsorten als Ankerpunkten saarländischer Identität. Diese Arbeitsgruppe bereitete zu dieser Themenstellung ein ganztägiges Symposion vor, das am 13. Mai 2006 mit tatkräftiger Unterstützung der Friedrich-Naumann-Stiftung in der Villa Lessing in Saarbrücken stattfand.

Dieses Symposion ist Teil der umfassenden breit angelegten Programmarbeit der Saarländischen Gesellschaft für Kulturpolitik.

Vor einem knappen Jahrzehnt gegründet, hat sie sich dem kulturpolitischen Diskurs verschrieben und begleitet mit kritisch-wachsamen Blick die kulturelle Entwicklung auf allen politischen Ebenen im Lande. Sie versteht sich als unabhängige Bürgerbewegung zur Stärkung des Bewusstseins in der Bevölkerung für den hohen Rang und die Werte der Kultur in unserer Gesellschaft.

Laut ihrer Satzung hat sich die Gesellschaft vorgenommen, ein Forum zu schaffen für kulturpolitische Meinungsbildung und für die tabufreie, auch kontroverse Diskussion mannigfaltiger kultureller Fragen und Probleme in Staat und Gesellschaft. Sie unterstützt und fördert wichtige kulturelle Einrichtungen und Veranstaltungen im Saarland und setzt sich dafür ein, die notwendigen Freiräume zu sichern. Ein besonderes Anliegen ist die Stärkung der Geisteswissenschaften und des Bewusstseins für den hohen Rang der künstlerischen Hochschulen im Lande.

Diese Zielsetzungen sind gerade in diesen Tagen sehr wichtig, denn in Zeiten knapper öffentlicher Finanzen werden die „freiwilligen Leistungen" im Kulturbereich nicht selten an erster Stelle zur Disposition gestellt. Da gilt es, sowohl die vorhandene kulturelle Infrastruktur als auch die programmatische Vielfalt unseres Kulturlebens nachhaltig zu unterstützen und notfalls auch vehement zu verteidigen.

Mit Vorträgen, öffentlichen Diskussionsveranstaltungen und Aktionen mischt sich die Saarländische Gesellschaft für Kulturpolitik vielfältig und nachdrücklich in die politischen Entscheidungsprozesse ein und ist bestrebt, komplexe Sachverhalte transparent zu machen und die Bürgerinnen und Bürger zu ermutigen, über den öffentlichen Diskurs Verantwortung zu übernehmen.

Der Niedergang der traditionellen Industrien von Kohle und Stahl, die nach dem Krieg den bescheidenen Wohlstand im Saarland sicherten, prägt das Land und das Bewusstsein der Saarländer trotz kraftvoller Bemühungen um den Strukturwandel seit mehr als drei Jahrzehnten. Die öffentlichen Finanzen sind zutiefst zerrüttet trotz einer milliardenschweren Teilentschuldung des Bundes. Die eigenen Einnahmen des Landes decken deutlich weniger als die Hälfte der Ausgaben im Staatshaushalt. Die langjährige Krise der traditionellen Altindustrien von Kohle und Stahl hat das Land trotz beachtlicher Erfolge im Strukturwandel hin zu modernen Industrien und Dienstleistungen finanziell ausgezehrt und in eine existenzbedrohende Haushaltsnotlage geführt, und zwar auf allen Ebenen staatlichen Handelns. Will das Land trotz dieser existenziellen Bedrohung seine Eigenständigkeit verteidigen, so ist dies nur denkbar in einem Zweiklang aus kraftvollen Sparanstrengungen und nachhaltigen Investitionen in zukunftsträchtigen Bereichen. Diese enorme Kraftanstrengung ist nur denkbar gepaart mit landsmannschaftlichem Selbstbewusstsein in fest verwurzelter saarländischer Identität.

Mit dem bereits erwähnten Symposion hat die Saarländische Gesellschaft für Kulturpolitik ein Veranstaltungsreihe gestartet, die in den nächsten Jahren fortgesetzt werden soll. Es geht um einen nachhaltigen Diskurs über Ankerpunkte und Vergewisserung saarländischer Identität, wie sie in der wechselvollen Geschichte dieser Region gewachsen ist und das tradierte kollektive Bewusstsein der Saarländerinnen und Saarländer prägt. Was aber macht diese Identität, die charakteristischen Wesenszüge von Land und Leuten an der Saar aus?

Was ist das spezifische dieser Saarländischen Identität?

Allein schon die vielfältige und hochgradige Komplexität dieses Be-
trachtungsgegenstandes macht die Beantwortung dieser Frage schwie-
rig.

Pierre Nora, der große französische republikanische Patriot, Historiker und Verleger hat mit dieser Fragestellung das epochale Werk der
„Lieux de mémoire" angestoßen, energisch befördert und mit einer
ganzen Reihe von Autoren für Frankreich erforscht.

Etienne Francois und Hagen Schulze definieren die „Lieux de mémoire" (Deutsche Erinnerungsorte, 2001, Band 1, Seite 17/18) als
„materielle wie auch immaterielle, langlebige, generationenüberdau-
ernde Kristallisationspunkte kollektiver Erinnerung und Identität, die
durch einen Überschuss an symbolischer und emotionaler Dimension
gekennzeichnet, in gesellschaftliche, kulturelle und politische Üblich-
keiten eingebunden sind und sich in dem Maße verändern, in dem
sich die Weise ihrer Wahrnehmung, Aneignung, Anbindung und
Übertragung verändert".

Erinnerungsorte in diesem Sinne sind also nicht nur geografisch
fassbare Örtlichkeiten, Gebäude, Plätze, sondern auch Ereignisse, Ge-
schehnisse, Aktionen und Taten, ja auch Ideen und Mythen.

Erinnerungsorte in diesem Sinne im Saarland aufzuspüren, zu beschreiben und zu kennzeichnen, diese Aufgabe hat sich Saarländische
Gesellschaft für Kulturpolitik gestellt.

Das von Peter Winterhoff-Spurk initiierte Symposion in der Villa
Lessing markiert den ersten Meilenstein auf diesem Forschungsweg
und ist im vorliegenden Band dokumentiert. Er analysiert in seinem
Vortrag „Nie wirklich daheim?" Wesenszüge saarländischer Identität
aus den Jahrhunderte langen wechselvollen fremdherrschaftlichen
Erfahrungen der Saarländerinnen und Saarländer. Seine luziden und
gehaltvollen Reflexionen, gestützt auf die Erfahrungen und Erlebnisse
eines kritischen Wahlsaarländers, der in dieser Region Feuer gefangen
hat, sollten die weitere Diskussion um Erinnerungsorte im Saarland
fördern und bereichern.

In seinem Beitrag „Wer, zum Teufel, ist Elisabeth?" beschäftigt sich
Gerhard Ames, Direktor des Historischen Museums Saar, mit einigen

Aspekten historischer Identitätsfindung. Er weist nach, dass historische Phänomene der jüngeren Zeit als Erinnerungsorte im Bewusstsein breit verankert sind, während Persönlichkeiten und Ereignisse früherer Epochen eher in der Wahrnehmung der Menschen verblassen. Als markantes Beispiel führt er insoweit Elisabeth von Lothringen an, die seit 1412 Gemahlin des Grafen Philipp von Nassau Saarbrücken und nach dessen frühen Tod Regentin der Grafschaft von 1429 bis 1438 war. Sie übersetzte erstmals französische „Chansons de geste" und schuf so mehrere deutschsprachige Romane. Als bedeutende Dichterin und Übersetzerin darf sie in hohem Maße als Pionierin der grenzüberschreitenden deutsch-französischen kulturellen Tradition des Saarlandes gelten. Es sei erstaunlich, dass diese als Mittlerin zwischen französischer und deutscher Kultur historisch bedeutende Persönlichkeit im öffentlichen Bewusstsein kaum eine Rolle spielt.

Elisabeth von Lothringen wird wegen ihrer herausragenden historischen Bedeutung für das Saarland auf Anregung der „Arbeitsgruppe Erinnerungsorte" die erste Erinnerungsstele gewidmet sein, die im Mai 2007 an der Stiftskirche in St. Arnual aufgestellt wurde. Sie ist das Werk von Vera Brandenburger, die im Jahr 2005 einen studentischen Wettbewerb unter Absolventen der Hochschule der Bildenden Künste Saar unter der Ägide von Professor Heinrich Popp gewonnen hat.

Stefan Weszkalnys, Historiker und Mitarbeiter der Kulturabteilung des Ministeriums für Bildung, Kultur und Wissenschaft des Saarlandes, nähert sich mit originellen rhapsodischen Reminiszenzen und Skizzen zu Persönlichkeiten, Ereignissen, Begebenheiten und Anekdoten aus der Saargegend der Frage „Was macht den Saarländer aus?"

Ludwig Harig beschäftigt sich in seinem Vortrag mit dem Heimatgefühl der Saarländer. Er schildert den hohen Wert heimatlicher Geborgenheit über den Schmerz, der durch das Fernsein von der Heimat entsteht.

Für Harig ist das saarländische Heimweh, das er mit dem von Jean Jacques Rousseau zitierten „Hemvé" in helvetischen Landen vergleicht, eine ganz besondere und höchst originelle Facette saarländischer Identität.

Benno Rech stellt in „Heimat – im Dorf leben" kritische Reflexionen über Leben und Impressionen im ländlich geprägten Leben vor und beschäftigt sich mit dem heimischen Dialekt als Muttersprache. Reinhard Klimmt, von 1998 bis 1999 Ministerpräsident des Saarlandes, diskutierte anlässlich des Symposions unter Leitung von Barbara Renno (SR), mit Stefan Weszkalnys und Werner Klumpp, dem früheren Wirtschaftsminister des Saarlandes und Präsidenten des Sparkassen- und Giroverbandes über Heimat und Identität. Der gebürtige Berliner, der Anfang der 60er Jahre zum Geschichtsstudium ins Saarland kam, liefert in seinem Beitrag „Heimat und Erinnerung" ein beeindruckendes Zeugnis von den vielfältigen Wegmarken eines „Zugereisten", dem das Saarland als Heimat so recht ans Herz gewachsen ist.

Arno Krause, saarländischer Patriot und Europäer aus Passion, lässt die Nachkriegszeit Revue passieren. Er schildert den Weg des Saarlandes bis zur Volksabstimmung im Spannungsfeld zwischen deutscher und französischer Politik. Nach dem Scheitern der früheren ehrgeizigen europäischen Ziele sieht er das Bundesland Saarland in der konsequenten Nutzung der grenzüberschreitenden Zusammenarbeit von Anbeginn an auf gutem Weg.

Der Tagungsband schließt mit einem Beitrag von Kurt Bohr zur politischen Kultur im Saarland, der zwar schon Ende der 80er Jahre des letzten Jahrhunderts entstand, aber an Aktualität kaum etwas eingebüßt hat.

Peter Winterhoff-Spurk

Nie wirklich daheim?
Saarländische Erinnerungsorte und
saarländische Identität.

1. Katharinas Schuh: Wie alles anfängt.

Manchmal sind es scheinbar ganz unbedeutende Dinge, mit denen die Liebe zu einem Ort, einer Region beginnt. Bei mir war es ein alter Damenschuh. Die Besitzerin des Schuhs hieß Katharina. Und sie hat später einen berühmten Mann geheiratet. Es war Katharina von Bora, die spätere Ehefrau Martin Luthers. Den Schuh hatte sie bei ihrer Flucht aus dem Kloster Nimbschen verloren, er ist noch heute im Heimatmuseum meiner Geburtsstadt Grimma zu bestaunen.

Und genau das habe ich getan, ihn bestaunt, im Alter von vier oder fünf Jahren. Habe mir erzählen lassen, wie gefährlich das war: Im albertinischen Sachsen riskierten Nonne wie Fluchthelfer die Todesstrafe. In einem leeren Heringsfass soll sie dem Kloster entkommen sein. „Muß die gestunken haben", habe ich damals gedacht.

Aber eben auch: Aus meiner Heimatstadt kommt die Ehefrau Martin Luthers. Und den kannte ich: Neben der Frauenkirche stand sein Denkmal. Er hatte Grimma 1537, zusammen mit Melanchthon, besucht und in den Kirchen der Stadt gepredigt. Die Kindergottesdienste jener vaterlosen Nachkriegsjahre machten ihn zu einem ersten Vorbild. Manche lutherische Redewendung – „Hier stehe ich, ich kann nicht anders, Gott helfe mir. Amen." – beeindruckt mich heute noch. Die über das Rülpsen und Furzen aber auch.

Später wurde ich zu Johann Gottfried Seume, in Grimma begann 1801 sein „Spaziergang nach Syrakus". Eine wunderbare Museumsleiterin machte uns Buben dadurch zu jenem unruhigen Querdenker, dass sie uns eine Hausmütze aus jener Zeit aufsetzte und eine lange Pfeife in die Hand drückte. Seumes wohl berühmtestes Zitat,,„... dass alles besser gehen würde, wenn man mehr ginge", merkte sich so von alleine.

Großmütterlich betreute Sonntagsausflüge weiteten das Identifikationsrepertoire. August der Starke, ihn lernte ich auf den Brühlschen Terrassen in Dresden bewundern. Eine Delle hat er mit seinem Daumen ins schmiedeeiserne Geländer hineingedrückt, jawohl, so stark war er. Und 365 uneheliche Kinder soll er gehabt haben: „Jeden Tag Geburtstagkuchen!", war mein sehnsüchtiger Kommentar. Und das auf Meißner Porzellan, auch von August dem Starken ins Land gebracht.

Allerdings: Mein Lieblingsmonarch ist bis heute der letzte sächsische König, Friedrich August III. Mehr August als König, sagten seine Sachsen über ihn, wohl deswegen, weil ihm die Frau mit einem belgischen Hauslehrer durchgebrannt ist. Berühmt geworden ist er durch seinen Ausspruch, „Macht Eiern Dreck alleene", als ihn der Arbeiter- und Soldatenrat im November 1918 absetzte.

Aber die schönste Anekdote über ihn geht so: Der König soll eine Brücke über die Elbe einweihen. Was ihm auffällt, sind die wuchtigen Eisbrecher am Brückenbauwerk, flussaufwärts. Er lässt sich deren Funktion erklären, denkt offenkundig nach und fragt dann in die entstandene Stille hinein: „Unn was machen se, wenn's Eis von der anderen Seite gommt?" Lähmendes Entsetzen. Niemand wagt es, die richtige Antwort zu geben. Schließlich rettet ein geistesgegenwärtiger Adjutant die Situation mit dem ursächsischen Satz: „'s gommt ganz selden vor, Majesdäd."

Solche Geschichten prägen. Sechs Jahre nur war Sachsen mein Kinderland, gleichwohl fühle ich mich Ort und Region auch heute noch emotional verbunden. Überall, wo ich später hinkam, habe ich Vergleichbares gesucht. Heimisch gefühlt habe ich mich da, wo es Ähnliches gab.

So sollte es auch in Saarbrücken werden. Nachdem das Alltägliche eines Umzugs geregelt war, machte ich mich also wieder auf die Suche nach identitätsstiftenden Ankerpunkten, ließ mir von Saarländern ihr

Land zeigen. Viel schien es zunächst nicht: Die Saarschleife, die Ludwigskirche, die Altstadt von Saarlouis. Das war schnell erledigt. Im zweiten Nachfassen dann der Gollenstein, das Mosaik in Nennig und die Steine auf der Grenze. Sollte das wirklich schon alles gewesen sein? Auch der irritiert befragte Guide Michelin Deutschland sagte damals noch: Nichts im Saarland verdient einen Umweg, nichts ist eine Reise wert. Wo war ich denn da hingekommen? Kein Schuh, keine Hausmütze, keine Delle – welche Identität bringt das hervor?

2. Lyonermentalität? Eindrücke eines Zugereisten.

Saarländische Identität also: „Hauptsach' gudd gess", „Mir wisse, was gudd is", "Ein Saarländer fürchtet nichts, außer dass der Kühlschrank leer ist", „Der Mensch denkt, Gott lenkt, der Saarländer schwenkt". Derartige Selbstbeschreibungen finden sich zuhauf, „Lyonermentalität" heißt das der Saarländer Gerhard Bungert (1981). Nun ist die regionale Identität nur ein Teil der regionalen Mentalität, trotzdem fragt der Zugereiste zunächst erschrocken: Identifizieren sich die Menschen hier etwa mit einer Fleischwurst? Denkt weiter: Was sind denn deren Eigenschaften? Rund, rosa, wohlschmeckend, gut gewürzt, vielseitig verwendbar. Können Menschen so sein, so sein wollen?

Wir kommen wohl nicht um die Frage herum: Was ist das eigentlich, Identität?

Die Psychologie sagt dazu: Identität ist der Kern der Persönlichkeit, das Bild, das der Mensch von sich selbst hat. Es zieht sich wie ein roter Faden durch den Strom seiner Erfahrungen. Man kann es sich auch als eine Art „Sonnensystem" vorstellen. Im Zentrum steht der eigene Körper: Aktuelle Befindlichkeiten, Hintergrundemotionen, das allgemeine Lebensgefühl, dann das Körperbild, die Selbsteinschätzung der eigenen Persönlichkeit sowie soziale Zugehörigkeiten. Gefühle und Kognitionen gehören dazu: Das Selbstwertgefühl und das Selbstvertrauen, die Selbstwahrnehmung und das Wissen über sich selbst. Alles zusammen: Das Realbild, Antwort auf die Frage „Wie bin ich?": So bin ich. (Dass es nicht immer auch realistisch ist, steht auf einem anderen Blatt.)

Zur persönlichen Identität gehört nicht nur das Bemühen, sich selbst richtig zu erkennen. Der Mensch hat immer auch das Bestreben, sich zu gestalten, an sich zu arbeiten, einem Idealbild nahezukommen. Oft sind die Eltern die ersten Vorbilder: Wie mein Vater oder meine Mutter möchte ich auch einmal sein. Eltern oder andere Vorbilder wirken auch dadurch, dass sie dem Kind weitere Leitbilder zeigen. Deswegen wünschte sich schon der kleine Peter: Einmal so mutig sein wie Martin Luther, so neugierig wie Johann Gottfried Seume, so stark wie August der Starke.

Identität entwickelt sich langsam, mit zunehmendem Lebensalter wird sie differenzierter, realistischer und stabiler. Gelungene Identitätsbildung vermittelt schließlich ein Gefühl der Zugehörigkeit und Verwurzelung, der Selbstachtung und der Zielstrebigkeit. Abgeschlossen ist dieser Prozeß allerdings nie ganz. „Critical life incidents" beispielsweise, also Ehescheidungen, Arbeitslosigkeit, Erkrankungen, manchmal auch Umzüge, verändern das Real- und das Idealbild immer wieder.

Ein zentrales Element in diesem Zusammenhang ist die sog. Selbstwirksamkeit. Menschen haben auch Annahmen darüber, ob und wie sehr sie selbst die Schmiede ihres Glücks sind. Die entsprechenden Erwartungen können internal oder external ausgerichtet sein. Internale Kontrollüberzeugungen bedeuten: Ich bin davon überzeugt, dass mein Schicksal weitgehend von meinen eigenen Handlungen und Entscheidungen abhängt. Menschen mit externalen Kontrollüberzeugungen hingegen glauben, dass ihr Leben im wesentlichen von den Entscheidungen anderer und vom Schicksal abhängt. Langzeitarbeitslosigkeit beispielsweise korreliert hoch mit externalen Kontrollüberzeugungen (Berth, Förster & Brähler, 2003).

Zurück zur Lyonermentalität. Der Zugereiste ist beruhigt: Das ist wohl doch nur eine populistische Metapher für die Freude an deftigem Essen. Interessant allerdings:

Kein Bayer käme auf die Idee, sich selbst eine Weißwurst-Mentalität zuzuschreiben, kein Schwabe, sich eine Spätzlepersönlichkeit zu nennen, und kein Westfale, sich als Pumpernickel-Charakter zu bezeichnen. Und als Beschreibung der persönlichen Identität sowieso zu wenig. Was also noch?

3. Objekt der Geschichte? Historische Annäherungen.

Auf dem Stummplatz in Neunkirchen steht ein Denkmal für Carl Ferdinand Freiherr von Stumm-Halberg. Ich verstehe bis heute nicht, warum. Stumm-Halberg war einer der reaktionärsten Unternehmer der Kaiserzeit, Friedrich Naumann nannte ihn bekanntlich den „Scheich von Saarabien". Stumm-Halberg sah sich als quasi-militärischen Vorgesetzten seiner Arbeiter, verlangte eiserne Disziplin von ihnen. Beispielsweise durfte ein Jungarbeiter nicht vor dem 24. Lebensjahr heiraten. Die Genehmigung zur Hochzeit wurde nur dann erteilt, wenn der zukünftige Ehemann sich als arbeitsam gezeigt hatte, über ein ausreichendes Sparguthaben verfügte, seinen Militärdienst zur Zufriedenheit seiner Vorgesetzten absolviert hatte und eine nach pfarramtlichem Leumundszeugnis unbescholtene Braut vorzuweisen hatte.

Zur Stummschen Betriebsordnung – sie war Musterordnung für das Saarland - gehörte beispielsweise, dass auch das Privatleben der Mitarbeiter von der Firma stets im Auge behalten wurde; eine „schlechte Aufführung" außer Dienst zog die Kündigung nach sich. „Die Arbeitsordnung", schreibt Krajewski (1982, S. 54), „mit ihren strengen Maßnahmen, die an die Kriegsartikel der Armee erinnern, schufen bei den Arbeitern einen psychischen Zustand der Einschüchterung. Sich ducken, ein kriechendes, wohlgefälliges Verhalten wurde allmählich zur Übung, das sich vom Vater auf den Sohn vererbte, ja nichts tun, was das Missfallen des Chefs hervorrufen könnte. ,Halt's Maul, duck'

dich', rieten die alten Hüttenmeister ihren Söhnen, wenn sie aufbegehren wollten, , du wellschd doch die Awed behalte'."
Konfliktscheu, entstanden in sehr konkreten wirtschaftlichen Verhältnissen, ein weiteres Merkmal saarländischer Identität? Zumindest
ein Hinweis auf einen weniger populistischen Zugang als das Stich-
wort „Lyonermentalität". Historische, ökonomische und soziologische
Ansätze sehen die Entstehung der saarländischen Identität etwa so (vgl.
etwa Bierbrauer, 1990, Bohr, 1988; Dillmann & van Dülmen,1996;
Krewer, Momper & Eckensberger, 1984, Mallmann, Paul & Schock,
1987; van Dülmen & Klimmt, 1995):
Die Geschichte der Region ist geprägt von häufigen Wechseln der
Herren. Sie residierten anderswo, kamen über das Land und nahmen mit, was sie fanden: Bodenschätze, Kulturgüter, Menschen. Die
Stummsche Arbeitsordnung stellt klar: Unter Tage, am Hochofen und
auch sonst gibt es nichts zu diskutieren.
Fremde Herren, entfremdete Arbeit, oft beides zusammen - die
Erfahrung ständiger Fremdbestimmtheit führte die Saarländer zur
Konzentration auf das Eigene: Die Familie, die Freunde, das Dorf,
da hatte er was zu sagen. „Nix wie hemm" – kann man die Sehnsucht
nach einem sozialen Fixpunkt schöner ausdrücken? Ludwig Harig beschreibt es so: „Daheim weiß der Mensch, was geschieht, und er ist
ruhig; im Reich weiß der Mensch nie, was in der nächsten Stunde
passieren kann, und er ist voller Unruhe. So lässt sich der eine Mensch
in aller Ruhe daheim nieder, ist vergnügt und bei sich selber vor lauter
Genügsamkeit; und so tritt der andere Mensch unruhig im Reich von
einem Bein auf das andere, ist geil und außer sich vor lauter Begehrlichkeit' (Hang, 1982, S. 96).
Das Heim bot Rückhalt in Notzeiten. Die „saarländische Lösung",
das Prinzip „do kenn' ich enner" - der französische Soziologe Pierre
Bourdieu (1994, S. 204) nennt dies das „soziale Kapital" eines Menschen, die Gesamtheit seiner sozialen Beziehungen. Soziales Kapital
erleichtert das Leben, schützt in Notzeiten. Aufbau und Erhalt erfor-
dern ständige Beziehungsarbeit. Wo andere ihr ökonomisches Kapital demonstrieren – mein Haus, mein Pferd, mein Auto –, kreisen

saarländische Begrüßungsrituale um die Größe des sozialen Kapitals: Mein Schwager, mein Freund, mein Bekannter. Und die angebliche saarländische Konfliktscheu? Vor diesem Hintergrund mehr als verständlich. Das soziale Kapital mit Streitigkeiten zu gefährden, konnte sich niemand leisten. Wer half dann noch beim Hausbau? Wer verschaffte dem Bub' eine Stelle bei der Regierung? Wo bekam man noch Prozente bei Einkäufen? Natürlich kommen auch hierzulande - wie überall - Konflikte vor, hier werden sie aber anders gelöst: „Bahnt sich Unheil an, wird zuerst einmal „gut gess"", schreibt der Saarbrücker Psychoanalytiker Rainer Krause (1990, S. 11). Und weiter: „Dagegen ist nun gewiß nichts einzuwenden, gar zu häufig bleibt es aber dann auch dabei. Von einem angenehmen Völlegefühl werden die Probleme anderer Art aber nicht gelöst."

Schließlich erklärt sich auch die Lyonermentalität letztlich soziologisch: „Aus der Not heraus entsteht ein Not-Geschmack, ... eine Art Anpassung an den Mangel", fasst Bourdieu (1994, S. 585) den Lebensstil von Arbeitern zusammen. Er fand schon vor Jahren heraus, dass die französischen Arbeiter vor allem Schweinefleisch, Kartoffeln und Mehlspeisen aßen. Auch im Saarland lag der Kartoffelverbrauch vor dem 1. Weltkrieg um 340 % über dem Reichsdurchschnitt (Bierbrauer, 1990, S. 17), und dass die Fleischwurst hierzulande Lyoner heißt, wundert auch nicht sonderlich:

„Lyoner", so definiert wikipedia, „ ist eine Brühwurst ohne Einlage. Das Rezept stammt ursprünglich aus der französischen Stadt Lyon – dort wird sie Cervelas genannt. Hergestellt wird sie aus Schweinefleisch ... und Rückenspeck, nach Rezept mit weißem Pfeffer, Kardamon, Kurkuma, Muskat, Koriander, Knoblauch, Ingwer u. a. mild gewürzt. Die Zutaten werden ... in Rinds- oder Kunstdärme gefüllt, gebrüht und leicht heißgeräuchert. Feine Lyoner wurde über Frankreich hinaus im Saarland (zu dessen Wurstspezialitäten sie gezählt wird) und in der Schweiz populär; heute ist sie auch in den übrigen Regionen Deutschlands und in Österreich bekannt, teilweise ... unter verschiedenen Namen wie „Fleischwurst", „Gekochte" (Bremen) oder

„Extrawurst". Zur Vermeidung von peinlichen Missverständnissen weise ich darauf hin, dass der Lyoner in Österreich „Pariser" heißt.

Soziale Beziehungsarbeit, Konfliktscheu, Lyonermentalität — drei soziale Phänomene, eine Erklärung: Die generationenlange Erfahrung der Fremdbestimmtheit ist letztlich auch der zentrale Ankerpunkt saarländischer Identität. In so schwierigen Lebenslagen ein erträgliches Leben zu führen, ist ein Kunststück. Allerdings gräbt es sich tief in die Seelen der Überlebenskünstler ein. Denn wer dauerhaft nichts zu sagen hat, erlebt sich endlich insgesamt als hilflos. Dieser Zustand heißt in der Psychologie „erlernte Hilflosigkeit". Seine Folgen sind: Verminderte Leistungsbereitschaft, Lethargie, Negativismus und – da ist es wieder - ein negatives Selbstbild.

„Jeder Meister und Arbeiter soll sich auch außerhalb des Dienstes so aufführen, daß es dem Hause Gebr. Stumm zur Ehre gereicht, sie können sich gegenwärtig halten, dass ihr Privatleben von den Firma stets im Auge behalten wird, und dass eine schlechte Aufführung außer Dienst die Kündigung nach sich zieht" (Krajewski, 1982, S. 53) - das Stummsche Denkmal in Neunkirchen erinnert Tag für Tag an die historische Erfahrung der erlernten Hilflosigkeit. Wollen die Menschen hier das so?

4. Aufsteigerland? Ironische Distanz als soziale Grenzarbeit.

Ein anderes Beispiel saarländischer Identitätsarbeit: „Saarländer kommen in zwei Ausfertigungen vor: einer Standard- oder Normalversion und einer De-Luxe-Version. Der Saarländer der Standardversion ist katholisch, ordentlich und fleißig. Er ist in mindestens einem halben Dutzend Vereinen und besitzt ein Häuschen. Dieses Häuschen hat er selbst gebaut, wenigstens mit einem Anbau versehen. Sein Vater ist Bergmann oder hat „auf der Hütt" gearbeitet. Er ernährt sich von Lyoner, Dibbelabbes, Rostwurst, Schwenkbraten und Bier. Im Grunde seines Herzens ist er stockdeutsch, wenn nicht schlimmer.

Der De-Luxe-Saarländer hat in Saarbrücken studiert, er hat eine Juso- oder K-Gruppenvergangenheit – manchmal auch beides – , ist aus der Kirche aus- und in die Espede eingetreten. Sein Großvater war Bergmann oder was ähnliches, sein Vater ist Laborant bei Saarberg oder ‚schafft‘ bei der Post. Der De-Luxe-Saarländer hört es gern, wenn man ihn einen Gourmet nennt. Er schätzt die französisch-mediterrane Küche und trinkt Riesling oder Roten. Gegenüber seinen deutschen Landsleuten streicht er gerne seine besondere Affinität zu Frankreich heraus Am liebsten hätte er einen französischen Namen, Palu oder so, würde mit Baguettes und ‚Berree‘ durch die Gegend radeln und alle Welt lässig mit ‚salü‘ grüßen", so beschreibt Dietmar Schmitz (1990, S. 7) seine Landsleute im Themenheft „Saarlanditis" der *Saarbrücker Hefte*.

Alles sehr ironisch, teilweise bitterböse formuliert. An anderer Stelle im gleichen Text ist die Rede von einem dritten Typ Saarländer, der opportunistisch, konfliktscheu und harmoniesüchtig sei, zwischen ausgeprägtem Wir-Gefühl und Minderwertigkeitsgefühlen hin und her schwanke.

Könnte es sein, dass es den De-Luxe-Saarländer noch in einer Sonderausgabe gibt, den distanzierten saarländischen Intellektuellen? Er ist zwar Saarländer, ja, schon, aber niemand, und schon gar kein Zugereister, soll denken, er sei etwa stolz darauf. Allerhöchstens „e bisje", wie es der Schlagersänger Wolfgang de Benki seinerzeit gesungen hat. Er gefällt sich in ironischen Kommentierungen, wenn ein Zugereister das Saarland lobt, verteidigt es, wenn derselbe Zugereiste, dann natürlich ein „Hergeloffener", es kritisiert. Ist er im Land, will er möglichst schnell raus, am besten nach Berlin, lebt er außerhalb, sucht er sich bald einen SaarländerStammtisch. Dort sitzt er dann, bei mitgebrachtem Lyoner, hat Heimweh nach Sätzen, die mit „ei" beginnen, nach Streuobstwiesen, nach frischem Baguette am Sonntagmorgen und liest „nemmeh dehemm", die Zeitung für Exil-Saarländer. Was steckt dahinter?

Zunächst: Das Wort „Ironie" kommt aus dem Griechischen („eironeia") und bedeutet „Verstellung", „Selbstverkleinerung". Sprechakttheoretisch ist die Ironie eine Variante der sog. „uneigentlichen Rede": Wer ironisch schreibt, distanziert sich. Ein ironischer Grundton findet sich in vielen Texten zur saarländischen Mentalität, das erwähnte „Saarlanditits"-Heft der *Saarbrücker Hefte* beispielsweise ist voll davon.

Oder die heimische Kabarettszene: Fast alle karikieren Saarländer, fast alle kommen selbstironisch bis sarkastisch einher. Am schlimmsten für mich: Heinz Becker. Ein borbierter, bildungs- und fremdenfeindlicher Prolet, bis zur Schmerzgrenze großartig gespielt von Gerd Dudenhöfer. Oder wie Detlev Schönauer die Saarländer karikiert, eleganterweise macht er, der gebürtige Mainzer, das als Franzose Jaques. Oder Vanessa Backes. Oder Elfriede Grimmelwiedisch. Irgendwie nehmen sie immer denselben Typus aufs Korn. Warum lachen die Saarländer über diese Unsympathen? Distanzierung? Und falls ja: Wovon?

Die Antwort findet sich gleichfalls in dem eben vorgetragenen Text von Schmitz (1990). Darin werden drei Generationen im sozialen Aufstieg beschrieben: Der Großvater des De-Luxe-Saarländers war Arbeiter, der Vater Angestellter, er selbst hat studiert, ist also der erste Akademiker der Familie. Milieutheoretisch gesprochen, gehörte der Opa dem traditionellen Arbeitermilieu an, der Vater dem aufstiegsorientierten und der Enkel dem technokratisch-liberalen Milieu. Er ist schlicht ein sozialer Aufsteiger. Das ist überhaupt nichts Verwerfliches, im Gegenteil, es ist eine enorme ökonomische und kulturelle Leistung, die man mit stolzem Selbstbewusstsein vorzeigen könnte.

Könnte. Die Wirklichkeit sieht anders aus, denn tatsächlich müssen soziale Aufsteiger offenbar für sich selbst und andere vergessen machen, wo sie herkommen. Bourdieu (1997, S. 529) formuliert das kühl so: „Der Aufstieg setzt immer einen Bruch voraus, in dem die Verleugnung der ehemaligen Leidensgefährten jedoch nur einen Aspekt darstellt. Was vom Überläufer verlangt wird, ist der Umsturz seiner Werteordnung, eine Bekehrung seiner ganzen Haltung."

Natürlich ist auch der De-Luxe-Saarländer, wie jeder andere Mensch, von seinem Herkunftsmilieu geprägt. Auch bei ihm spielten

beispielsweise Essen und Trinken noch eine besondere Rolle. „Das un-
entwegte Bemühen der heutigen Saarländer, in einer endlosen Kette
von Festen und Feiern das Schlaraffenland wenigstens zeitweise in die
Realität zu versetzen, markiert die unbewältigten oralen Defizite ihrer
industriellen Geschichte", schreibt dazu der (saarländische) Historiker und Leiter der VHS Neunkirchen, Peter Bierbrauer (1990, S. 18).
Die proletarische Lyonermentalität ist allerdings nun zur frankophilen
Gourmandise avanciert.

Was sich in der Distanzierung zeigt, ist also der von Bourdieu di-
agnostizierte Bruch mit der eigenen Herkunft: Die   Intellektuellen
vom Dienst ... kultivieren den Zweifel an ihrer sozialen Identität, um
sie akzeptieren zu können, stellen die Welt in Frage und verbergen
damit ihre Unsicherheit" (Bourdieu 1997, S. 574). Ironische Texte zur
eigenen Mentalität, das lustvolle Ausarbeiten von Kunstfiguren wie
Heinz Becker und Vanessa Backes und das Lachen darüber ist – so
gesehen – nichts anderes als die soziale Grenzarbeit von Aufsteigern,
wenn nicht gar Scham über den Lebensstil der Herkunftsfamilie.

Auf diesem Umweg sind wir wiederum bei einem Identitätsmerkmal
angelangt, das uns aus der Sozialgeschichte des Landes bereits vertraut
ist: Sozialpsychologisch kann man nämlich die kontinuierliche ironische Distanzierung von der eigenen Herkunft auch als „self-handicapping behavior" verstehen: Das ist ein Verhalten, bei dem Menschen
vor allen Aufgaben ständig Begründungen anführen, warum sie diese
keinesfalls werden bewältigen können. Distanzierung von der eigenen
Herkunft ist ein solches Verhalten. Ich mache die eigene Kultur und
Geschichte herunter, also muss ich mich dafür auch nicht engagieren.
Das Fatale am „self-handicapping behavior" ist allerdings: Irgendwann
glauben der „self-handicapper" wie sein soziales Umfeld daran, dass
er es wirklich nicht kann. War es bei den Vätern und Großvätern ein
aus erlernter Hilflosigkeit geborenes negatives Selbstbild, so ist es nun
eines, das aus der sozialen Grenzarbeit von Intellektuellen stammt.

Das zeigt sich auch in den saarländischen Selbstbeschreibungen:
Außer, dass sie oft ironisch bis zynisch daherkommen, stimmen sie ja
in einem entscheidenden Punkt ziemlich überein. Sie beschreiben die

Saarländer vorzugsweise als Opfer der Geschichte. Darüber mag man streiten, der eben zitierte Peter Bierbrauer (1990, S. 15) beispielsweise meint dazu: „Die gängige Herleitung einer saarländischen Identität verdeckt, dass die Saarländer ... in den entscheidenden Phasen ihrer Geschichte eben nicht zu politischer Eigenverantwortung fähig waren." Dazu will ich gar nichts sagen; worauf es mir hier ankommt, sind die psychologischen Auswirkungen dieser Selbstbeschreibung: Opfer gehören bedauert, getröstet und versorgt, jedenfalls müssen sie nicht handeln. So kann man sich auch einrichten.

Noch so ein Beispiel: „Irgendwas Besonderes musste doch dran sein an diesem Land. Wer sucht, der findet: Dibbelabbes fürs Volk, französische Lebensart für die Aufsteiger, zurechtgebogene Geschichte für die Intelligentsia. In der gemeinsamen Anbetung von Lyonerwürsten, im geschauspielerten savoir-vivre und in der gebetsmühlenhaften Wiederholung von Geschichtslegenden spiegelt sich nur, dass die saarländische Regionalgesellschaft sich noch immer nicht selbstkritisch und selbstironisch thematisieren kann", schreibt ein anderer Autor im Saarlanditis-Heft der *Saarbrücker Hefte* (Horch, 1990, S. 38). Nach objektiver politischer und ökonomischer Fremdbestimmtheit sind es nun offenbar subjektive, mentale Faktoren, die der Entwicklung einer angemessenen saarländischen Identität behindern: Soziale Grenzarbeit und Viktimisierung.

5. Elisabeths Bücher: Was tun!

Noch einmal nach Sachsen: Am 26. August 1726 wurde der Grundstein für die Frauenkirche in Dresden gelegt, neben dem Hamburger Michel und der Saarbrücker Ludwigskirche eine der drei großen barocken evangelischen Kirchen in Deutschland. Der Bau hatte rund 300.000 Taler gekostet, die überwiegend aus Spenden der Dresdner Bürger stammten. 219 Jahre später, am 15. Februar 1945, stürzte die Kirche in sich zusammen. Aber weitere 60 Jahre später, am 30. Oktober

2005, wurde sie wieder geweiht. 180 Millionen Euro hat das gekostet, erneut wurde reichlich gespendet: 100 Millionen Euro. 60.000 Menschen waren zum Weihegottesdienst gekommen, viele von ihnen hatten Tränen in den Augen. Auch meine Dresdner Verwandten haben geweint, als sie die Kirche das erste Mal betraten. Sie erinnerten sich an die Toten des Krieges, an ihr eigenes, vom Krieg und der Teilung Deutschlands geprägtes Schicksal, aber auch an ihre eigene Kraft, Verhältnisse zu ändern und Wunden zu heilen. Die Kirche ist zu einem einzigartigen Ort der Erinnerung geworden, ihr Wiederaufbau eine großartige Leistung sächsischen Bürgersinns.

„Lieux de memoire" hat der französische Historiker und Publizist Pierre Nora (1998) solche Orte genannt, mit denen eine Nation festlegt, woran sie sich erinnern will. 130 Orte hat er für Frankreich benannt, darunter Symbole und Embleme wie die Tricolore, die Marseillaise oder die Marianne; Gebäude, wie die Kirche Notre-Dame, das Schloss von Versailles oder der Eiffelturm; Texte, wie die Erklärung der Menschenrechte oder der Code Napoleon; und schließlich Personen, wie Charlemagne, Jeanne d'Arc oder der Sonnenkönig. Alles dies sind für ihn Kristallisationskerne des französischen kollektiven Gedächtnisses, von ganz unterschiedlichem Gewicht, oft furchtbar trivial, manchmal kaum noch oder allenfalls regional erinnert, dem Zugriff der Sinnstifter und Manipulateure ausgesetzt und dennoch ein Netz von materiellen und immateriellen Erinnerungsfäden, das das nationale Bewusstsein in einem ungenau bestimmbaren, aber sehr profunden Sinne zusammenhält" (Francois & Schulze, 2002, 5).

Auch für Deutschland haben Francois und Schulze (2002) solche Orte definiert: Goethe und Weimar, Grimms Märchen, den Volkswagen, Jud Süß, die Mauer, Willy Brandts Kniefall in Warschau, die Reformation, der 20. Juli, Königin Luise, die Pickelhaube, die Hanse, die D-Mark, das Bauhaus, die Brüder Humboldt, Weihnachten, das evangelische Pfarrhaus, der Schrebergarten, Caspar David Friedrich und Beethovens Neunte.

Solche Orte habe ich gesucht, als ich vor 14 Jahren ins Saarland zog. Und: Ich habe sie gefunden, viel zahlreicher, viel reichhaltiger als

ich je erwartet habe. Allerdings musste ich sie suchen, sie erschließen
sich nicht von selbst. Und ich musste die Perspektive erweitern, auch
über das Jahr 1815 und über die Grenzen des Saarlandes hinaus. Dann
allerdings zeigt sich eine unglaublich vielfältige und interessante Region, deren Geschichte von den Kelten über die Römer, die Alemannen,
die Franken, die Franzosen, die Preußen bis in die deutsche und europäische Gegenwart reicht. Personen und Orte gibt es genug, die ein
regionales Bewusstsein definieren könnten.

Nehmen wir doch nur Saarbrücken als Beispiel: Die Grafen von
Saarbrücken-Commercy (wir haben ihr Wappen als Teil des Landeswappens) verkündeten 1321 den Saarbrücken Freiheitsbrief und
verliehen Saarbrücken die Stadtrechte, Fürst Wilhelm Heinrich fing
mit dem Bau der wunderschönen Ludwigskirche an, die sein Sohn
Fürst Ludwig vollendete. Kammerrat Röchling errichtete mit anderen
Saarbrücker Bürgern 1798 einen Freiheitsbaum vor dem Saarbrücker
Schloss, Brauer Bruch verteidigte die Alte Brücke mit einem Beil gegen
die einrückenden Franzosen, die Schultze-Kathrin riskierte ihr Leben
zur Versorgung verwundeter Soldaten im August 1870, Bartholomäus
Koßmann gehörte zum Widerstandskreis um Carl Friedrich Goerde-
ler, war später einer den Mitbegründer der CVP, Max Ophüls wurde
in St. Johann geboren, ging aufs Ludwigsgymnasium, ebenso wie das
Mitglied der „Weißen Rose", Willi Graf. Richard Kirn, der erste Vor-
sitzende der Sozialdemokratischen Partei des Saarlandes, liegt in Saarbrücken begraben. Alles Menschen, auf die man auch heute noch stolz
sein kann, die auch heute noch als Identitätsanker gelten können.

Natürlich kann man fragen: Wozu das alles? Der Grund kann ja
nicht nur sein, dass ein Zugereister den Wunsch nach Heimatgefühlen
hat. Nein, der Grund liegt tiefer. Wir leben gegenwärtig wieder in einer Zeit des schnellen sozialen und ökonomischen Umbruchs, die entsprechenden Stichworte sind Globalisierung und Individualisierung.
Diese Veränderungen treffen das Saarland nachhaltiger als andere Regionen in Deutschland, die Finanzen sind marode, die Selbständigkeit
erneut gefährdet. Das Lebensgrundgefühl vieler Menschen ist Angst.
Eine solche Stimmungslage ist immer brisant: Menschen in Angst sind

anfällig für charismatische Führer, für einfache Antworten und für den Rückzug ins Private. Junge Menschen entwickeln das, was man in der Psychologie und Soziologie eine „Patchwork"-Identität nennt, ohne integrative Kraft, ohne feste Identitätskerne. Das alles tut einer Gesellschaft nicht gut.

Eine stabile persönliche Identität hingegen - ein positives Selbstbild, hohes Selbstwertgefühl und Selbstvertrauen, der Eindruck der Selbstwirksamkeit - kann derartige Irritationen besser abpuffern. Ich sage es noch mal: Gelungene Identitätsbildung vermittelt ein Gefühl der Zugehörigkeit und Verwurzelung, der Selbstachtung und der Zielstrebigkeit. Der Blick in die Geschichte zeigt ja nicht nur, dass es immer schon Umbruchszeiten gab, nein, über die historischen Vorbilder vermittelt er ja auch Verhaltensoptionen zum angemessenen Umgang mit anstehenden Veränderungen. Deswegen ist das Projekt „Erinnerungsorte" der Kulturpolitischen Gesellschaft alles andere als eine nostalgische Inszenierung von Heimat. Es ist ein ausgesprochen politischer Beitrag zur Stabilisierung und Änderung unserer Gesellschaft.

Wir wollen in möglichst breiten und öffentlichen Diskussionen Personen und Orte benennen und durch eine Stele markieren, die den Bürgern in Saarbrücken und – falls es hier funktioniert – auch über die Stadtgrenzen hinaus als erinnernswert erscheinen. Das Projekt soll vor allem aus bürgerschaftlichem Engagement leben, so wird es auch ein Test darauf sein, ob das Thema „Erinnerungsorte" den Menschen hier was wert ist. Es müssen ja nicht gleich 100 Millionen sein: Eine Stele kostet rund 5.000 Euro.

Angefangen haben wir mit einer Frau, die für die Region wie für Deutschland insgesamt erhebliche Bedeutung hatte, die aber weitgehend vergessen ist: Elisabeth von Lothringen, Gräfin zu Nassau und Saarbrücken. Um 1395 als Tochter Herzog Friedrichs von Lothringen und Marguerites von Vaudmont und Joinville geboren, wurde sie 1412 die zweite Gemahlin von Graf Philipp I. von Nassau-Saarbrücken. Nach dessen Tod im Jahr 1429 übernahm sie bis 1438 die Regentschaft für ihren unmündigen Sohn Philipp II. bis sie 1456 starb und in der Stiftskirche in St. Arnual beigesetzt wurde. Da liegt sie noch heute und dort haben wir zu ihrer Erinnerung in Kooperation mit dem Stift St. Arnual die erste Stele aufgestellt.

Was sie für uns bedeutsam macht? Im Jahr 1437 übersetzte sie französische Ritterromane aus dem Sagenkreis Karls des Großen ins Deutsche – die sog. „chansons de geste", seinerzeit ein von Spielleuten vorgetragener Publikumsrenner. Damit wurde sie die Begründerin der deutschsprachigen Unterhaltungsliteratur (Rech, 1994). Elisabeth muss eine sehr kluge, kulturell hoch gebildete, selbstbewusste, diplomatische, religiöse und sinnenfrohe Frau mit viel Menschenkenntnis gewesen sein: Um ins Theater zu kommen, reiste sie bis nach Metz. Politisch schaffte sie es, die kleine Grafschaft nach dem Tod ihres Mannes zwischen den großen politischen Blöcken Lothringen, Frankreich und dem Deutschen Reich in Frieden zu entwickeln. Sie hatte fünf Kinder und zwei Stiefkinder und sie wusste, was gut ist: Ihr Altenteil umfasste u.a. die Lieferung von Elsässer Wein!

Saarländische Erinnerungsorte und saarländische Identität - eine Frage bleibt noch zu beantworten: Darf ein „Zugeloffener" sowas überhaupt thematisieren? Vordergründig rettet mich womöglich, dass ich nun schon seit 18 Jahren hier arbeite, seit fast 14 Jahren in Saarbrücken wohne, mit einer Saarländerin verheiratet bin und deren Namen als Familiennamen angenommen habe. Mehr geht nicht, außer vielleicht, jemand von Ihnen würde mich noch adoptieren.

Aber bei der Gelegenheit – wer, bitte schön, ist denn eigentlich ein Saarländer? Die Hugenottenverfolgung in Frankreich brachte französische Familien ins Land, ebenso wie der Sonnenkönig die Bourgeois, Grandmontagnes und Lafontaines zum Bau von Saarlouis. Die Industrialisierung zog Menschen aus dem Hunsrück, der Eifel und der Pfalz, dem Elsass und aus Lothringen an die Saar. Der preußische Bergfiskus brachte Zuwanderer aus allen Teilen Deutschlands, aus Frankreich, Belgien und der Schweiz mit. Aktuell leben fast 80.000 Ausländer hier, darunter rund 19.000 Italiener, ca. 14.000 Türken und etwa 6.000 Franzosen. Auch das sollten wir nicht vergessen: Fast 15 % aller Studenten an saarländischen Hochschulen sind Ausländer. Gerade das ist ja ein Vorzug saarländischer Geschichte: Hier wurden immer schon Fremde integriert, ihr Wissen und Können für das Land nutzbar gemacht.

Nein, um regionale Identität zu entwickeln, muss man nicht hier geboren sein. Das ist hilfreich, durchaus nicht immer, aber es reicht auch, wenn man hier gerne und für länger lebt, sich für seine Mitmenschen interessiert und die Region im Rahmen seiner Möglichkeiten verantwortlich mitgestalten will. Und was nun mich persönlich angeht: Inzwischen kann ich das meinen sächsischen Landsleuten in Grimma, Dresden oder anderswo sagen: Das Saarland hat liebenswerte Menschen, wunderschöne Landschaften, eine hochinteressante Geschichte – es fehlen eigentlich nur noch: Die „Lieux de mémoire"!

Literatur

Berth, H., Förster, P. & Brähler, E. (2003). Gesundheitsfolgen von Arbeitslosigkeit und Arbeitsplatzunsicherheit bei jungen Erwachsenen. Gesundheitswesen 65, 555-560.

Bierbrauer, P. (1990). Der industrialisierte Bauer. Von den historischen Wurzeln saarländischen Selbstgefühls. Saarbrücker Hefte 63, 12-19.

Bohr, K. (1988). Zur politischen Kultur im Saarland. Saarheimat 9/10, 207-212.

Bourdieu, P. (1994). Die feinen Unterschiede. Kritik der gesellschaftlichen Urteilskraft. Frankfurt: Suhrkamp (7. Auflage).

Bungert, G. (1981). Alles über das Saarland. Alles was Sie schon immer über das Saarland wissen wollten, es aber nie zu fragen wagten. Dillingen: Queißer.

Bungert, G. (1982) (Hrsg.). Typisch saarländisch. Frankfurt: Weidlich.

Dillmann, E. & van Dülmen, R. (1996). Lebenserfahrungen an der Saar. Studien zur Alltagskultur 1945-1995. St. Ingbert: Röhrig.

Francois, E. & Schulze, H. (2002). (Hrsg.). Deutsche Erinnerungsorte. Bd. 1 bis 3. München: Beck (3. Auflage).

Francois, E. & Schulze, H. (2002). Einleitung. In dies. (Hrsg.). Deutsche Erinnerungsorte. Bd. 1 bis 3 (S. 9-24). München: Beck (3. Auflage).

Hang, L. (1982). Das Heim und das Reich. In G. Bungert (Hrsg.). Typisch saarländisch (S.95-98). Frankfurt: Weidlich.

Krajewski, B. (1982). König Stumm. In G. Bungert (Hrsg.), Typisch saarländisch. Frankfurt: Weidlich.

Krause, R. (1990). Das Saarland auf der Couch. Saarbrücker Hefte 63, 8-11.

Krewer, B., Momper, M. & Eckensberger, L. (1984). Das Saarland war zumeist Objekt der Geschichte. Der Bürger im Staat 34(3), 178-186,

Mallmann, K.-M., Paul, G. & Schock, R. (1987). Die Saarländische Sphinx. Lesarten einer Regionalgeschichte. In K.-M. Mallmann, G. Paul, R. Schock & R. Klimmt (Hrsg.), Richtig daheim waren wir nie. Entdeckungsreisen ins Saarrevier (S. 264-275). Berlin: Dietz Nachf.

Mallmann, K.-M., Paul, G., Schock, R. & Klimmt, R. (1987) (Hrsg.), Richtig daheim waren wie nie. Entdeckungsreisen ins Saarrevier. Berlin: Dietz Nachf.

Nona, P. (1998). Zwischen Geschichte und Gedächtnis. Frankfurt: Fischer.

Petto, R. (1982). Das Saarland von innen gesehen. In G. Bungert (Hrsg.), Typisch saarländisch (S. 26-27). Frankfurt: Weidlich.

Rech, Y. (1994). Sibille. St. Ingbert: Röhrig.

Schmitz, D. (1990). Saarländer. Saarbrücker Hefte 63, 5-6.

Van Dülmen, R. & Klimmt, R. (1995) (Hrsg.). Saarländische Geschichte. Eine Anthologie. St. Ingbert: Röhrig.

Winterhoff-Spurk, P. (2002). Organisationspsychologie. Eine Einführung. Stuttgart: Klett-Cotta.

Winterhoff-Spurk, P. (2005). Kalte Herzen. Wie das Fernsehen unseren Charakter formt. Stuttgart: Klett-Cotta.

Gerhard Ames

Wer, zum Teufel, ist Elisabeth?

Historische Bausteine einer saarländischen Identität

Vor einigen Jahren antwortete der Philosoph Peter Sloterdijk bei einer Podiumsdiskussion in der Saarbrücker Staatskanzlei auf die aus dem Publikum gestellte Frage, ob denn jene von ihm soeben aufgezeigte philosophische Erkenntnis auch für das Saarland relevant sei, mit dem lapidaren Satz: „Ich fürchte, für das Saarland hält die Philosophie keinen Trost bereit!" [1]

Da eine derart niederschmetternde Feststellung aus berufenem Munde – gewissermaßen ein „echter Sloterdijk" – dem Saarländer keine Ruhe lassen kann, erscheint es angezeigt, der Frage nachzugehen, ob denn, wenn schon nicht die Philosophie, dann wenigstens die Historie für uns Saarländer Tröstliches anzubieten hat. Wenn es denn richtig ist, dass sich aus der Vergegenwärtigung von Vergangenem mehr gewinnen lässt als bloßes Wissen um frühere Zustände, wenn also die kollektive historische Erinnerung tatsächlich einen wesentlichen Teil jener Kräfte ausmacht, die Gemeinschaften im Innersten zusammenhalten, dann lohnt es sich zu fragen, wie es in dieser Hinsicht mit der saarländischen Identität bestellt ist.

Allein schon die Tatsache, dass immer mal wieder nach der saarländischen Identität gefragt wird, lässt allerdings nichts Gutes ahnen. Das Bedürfnis nach kollektiver Selbstvergewisserung legt nämlich per se den Verdacht nahe, dass es mit einem gemeinsam geteilten, gleichsam verbindlichen Identitätshorizont nicht allzu weit her sein kann.

Die Schwierigkeiten fangen schon mit den Begrifflichkeiten an. Statt von *der* saarländischen Identität sollte man eher von *einer* saarländischen Identität sprechen. Letzteres unterstellt, dass es möglicherweise zeitgleich mehrere unterschiedliche Identitäten gibt, und es deutet

darauf hin, dass Identität nicht als etwas gleichsam Organisches, für
alle Zeit Festgefügtes zu begreifen ist, sondern als ein Konstrukt, das
in Abhängigkeit von sich verändernden gesellschaftlichen und politischen Rahmenbedingungen seinerseits dem Wandel unterworfen ist.

Nun ist ja gegen den Begriff der kollektiven Identität parallel zu
seiner Konjunktur in den vergangenen Jahren sehr viel Kritisches
vorgebracht worden. Sogar von einem „Plastikwort" war die Rede. [2]
Ich verzichte an dieser Stelle auf eine theoretische Begriffsdiskussion,
behelfe mir vielmehr pragmatisch mit dem Satz: Wenn es denn so etwas wie kollektive Identität geben sollte, dann gehört neben Sprache,
Kultur und Wertekanon das kollektive Gedächtnis ganz wesentlich
dazu, ist doch – so der Sozialpsychologe Harald Welzer – „die Wahrnehmung und Interpretation der eigenen Vergangenheit und der der
Wir-Gruppe, zu der man gehört, der Ausgangspunkt für individuelle
und kollektive Identitätsentwürfe..." [3]

Aber auch mit dem kollektiven Gedächtnis ist es so eine Sache.
Da mit diesem von Maurice Halbwachs eingeführten Begriff [4] allzu
leicht die irrige Vorstellung von der Existenz einer Art Kollektivsub-
jekts verbunden werden kann, hat insbesondere Jan Assmann sinnvol-
le begriffliche Präzisierungen vorgenommen. [5] Nach Assmann gibt es
zwei Arten kollektiver Erinnerung: das kulturelle Gedächtnis und das
kommunikative Gedächtnis. Unter letzterem versteht er das lebendige
Gedächtnis der Zeitgenossen, wenn man so will eine Art Kurzzeitge-
dächtnis, das nur etwa drei bis vier Generationen umfasst. Folglich
verschwindet mit jeder Generation auch ein Teil dieses Erinnerungs-
fundus. Das kulturelle Gedächtnis dagegen gründet sich auf geschicht-
liche Fixpunkte, die stark durch kulturelle Formung geprägt sind. Es
ist eine Art Langzeitgedächtnis, das sich in tradierten Erzählungen,
Riten, Zeremonien oder Monumenten widerspiegelt.

Diese Unterscheidung ist meines Erachtens zur Strukturierung und
Bewertung des Überhangs an Geschichte, mit dem wir es zu tun haben, ausgesprochen hilfreich, auch wenn es sich empfiehlt, nicht allzu
schematisch vorzugehen, einerseits weil sich kulturelles und kommu-
nikatives Gedächtnis in spezifischen historischen Situationen überla-

gern können, und andererseits weil bestimmte historische Phänomene sich entweder unmittelbar oder aber in ihren Auswirkungen über
längere Zeiträume erstrecken und infolgedessen auch dann noch Teil
des kommunikativen Gedächtnisses sein können, wenn ihre Genese
bereits in den Bereich des kulturellen Gedächtnisses abgesunken ist.
Andererseits liegt auf der Hand, dass das kommunikative Gedächtnis
um so lebendiger ist, je stärker das Erinnerte in die Gegenwart hinein-
reicht.

Ich möchte die Probe aufs Exempel machen. Zugespitzt kann man
sagen, dass gegenwärtig im wesentlichen zwei Erfahrungsebenen den
politischen und gesellschaftlichen Horizont der Saarländer bestimmen:

1. die durch den Wegfall der Grenzen und die Herausbildung neuer
   supranationaler Gebilde in Gang gesetzte Herauslösung des Saarlandes aus seiner traditionellen Grenzlage und

2. der Prozess einer schrittweisen Deindustrialisierung, vor allem im
   Bereich der klassischen Schwerindustrie.

Beide Entwicklungsstränge verweisen unmittelbar auf die prä-
gendsten Momente der jüngeren Saargeschichte, die deshalb auch die
Kernbestandteile des kommunikativen Gedächtnisses und in dieser
Eigenschaft auch die Eckpfeiler saarländischer Identität sind, soweit
die Historie hierbei in Frage kommt: die industrielle Prägung des
Landes und der mit der Grenzlage unmittelbar zusammenhängende
häufige Wechsel der politischen Zugehörigkeit. Ich verzichte darauf,
an dieser Stelle einen historischen Abriss zu geben, möchte stattdessen
auf einige wesentliche Eckpunkte verweisen, die das kommunikative Gedächtnis auf den beiden genannten Erinnerungsfeldern geprägt
und verändert haben. Diese Eckpunkte sind die wichtigsten „lieux de
mémoire" der Saarländer.

Wenden wir uns zunächst der Frage nach der politischen Zugehörigkeit zu:

Normalerweise gründet sich das in der Bevölkerung eines Landes verankerte Bewusstsein, tatsächlich ein Land zu sein, auf weit in die Vergangenheit zurückreichende politische Formationen. In Bayern oder Sachsen entwickelte sich Landesbewusstsein über Jahrhunderte hinweg durch staatliche und dynastische Kontinuität, einheitliche Rechtsverhältnisse und die Teilhabe der Untertanen an politischen Entscheidungsprozessen als wesentlichen Bestandteilen des kulturellen Gedächtnisses. Damit kann das Saarland nicht aufwarten. Im „Alten Reich" in eine Vielzahl von mittleren und Kleinterritorien zersplittert, im 19. Jahrhundert im Wesentlichen auf Preußen und Bayern aufgeteilt, ist das heutige Saarland bekanntlich erst ein Produkt des Versailler Vertrages. Dem saarländischen Landesbewusstsein steht demnach überhaupt nur ein vergleichsweise kurzer Referenzzeitraum zur Verfügung. Er ist dennoch im kommunikativen Gedächtnis stark eingegraben, vor allem weil er vom gleich viermaligen Wechsel der politischen Zugehörigkeit geprägt ist.

Der Ausgang des Ersten Weltkrieges belastete das „Saarkohlenbecken" – wie das Gebiet bezeichnenderweise zunächst genannt wurde – mit der Bürde der Abtrennung vom Deutschen Reich, von den Zeitgenossen verarbeitet in einer üppig blühenden Opferkultur, in deren Mittelpunkt die Erfahrung des Heimatverlustes und der Wunsch nach Heimkehr ins deutsche Vaterland gerückt wurden. Auf diese Weise war die erstmalige Herstellung einer politischen Einheit „Saargebiet", später „Saarland", mit einem Trauma verbunden, von dem sich die übergroße Mehrheit der Saarländer am 13. Januar 1935 befreite. Zehn Jahre später sahen sich die Saarländer nach zweimaliger Evakuierung und inmitten einer Trümmerlandschaft wieder auf der Verliererseite. Das ihnen anschließend auferlegte Experiment eines halbautonomen Saarlandes an der Seite Frankreichs scheiterte am 23. Oktober 1955 am Zweidrittelvotum der Bevölkerung. Mit der Eingliederung in die Bundesrepublik und vor dem Hintergrund der deutsch-französischen Freundschaft scheint diese wechselvolle Geschichte zu einem Ende gekommen zu sein, sieht man einmal davon ab, dass das ehedem jüngste Bundesland inzwischen zum ältesten Beitrittsland mutiert ist.

So sehr die erwähnten Eckpunkte im kommunikativen Gedächtnis der Saarländer verankert sein mögen, so wenig resultiert hieraus zwangsläufig eine saarländische Identität. Es erweist sich nämlich, dass die identitätsstiftende Wirkung des kommunikativen Gedächtnisses behindert, wenn nicht verhindert wird, wenn zentrale historische Ereignisse dominant als eine Abfolge von problematischen Konstellationen und als Konflikt innerhalb des Kollektivs erlebt, gedeutet oder erinnert werden. Das Hin- und Hergerissensein zwischen den nationalen Identitätsangeboten und das dramatische Ringen der Saarländer um die staatliche Zuordnung, kulminierend in den beiden von erbitterten Abstimmungskämpfen geprägten Referenden von 1935 und 1955, hat denn auch das Selbstbewusstsein der Zeitgenossen nicht gerade bestärkt, sondern im Gegenteil eher so etwas wie eine Opferidentität zur Folge gehabt, die man durchaus als negative Identität bezeichnen kann.

Ich komme zum zweiten wichtigen Feld des kommunikativen Gedächtnisses: der industriellen Vergangenheit des Saarlandes.

Es macht die Besonderheit der saarländischen Industriegeschichte aus, dass der im 19. Jahrhundert einsetzende Prozess des Wandels von der agrarischen zur industriellen Lebensform in weit weniger Brüchen vonstatten ging als in anderen Industrierevieren. Während woanders zuwandernde fremde Arbeitskräfte das Bild einer proletarischen Industriearbeiterschaft prägten, konnte das Saarrevier auf die verarmte bäuerliche Bevölkerung des Umlandes zurückgreifen. Diese entwickelte aus der Mischung traditioneller ländlicher Lebensweisen mit neuen industriellen Arbeitsformen einen eigenen Lebensstil, in dem Denk- und Verhaltensweisen der ländlichen Gesellschaft als Puffer gegenüber den Zumutungen der industriellen Arbeitswelt noch lange fortbestanden. Auch die dauerhaft ins Revier zugezogenen Arbeiter strebten nach Grund- und Hausbesitz, um auf diese Weise wenigstens ein Minimum an Eigenversorgung sicherzustellen. Kurz gesagt: Der Arbeiterbauer wurde zum Leittypus des saarländischen Industriearbeiters. Er entwickelte binnen vergleichsweise kurzer Zeit ein eigentümlich archaisches Standesbewusstsein, das gewissermaßen quer zu den Rollenerwartungen der modernen Industriegesellschaft lag. Auf diese Weise gelang es der saarländischen Arbeiterschaft, die zunehmende Fremdbestimmung durch betriebliche und staatliche Obrigkeiten durch den Rückzug in die Geborgenheit von Haus, Dorf und Kirchengemeinde ein Stück weit zu kompensieren.

Zweifelsohne stellen die noch im kommunikativen Gedächtnis lebendigen Lebens- und Überlebensstrategien der saarländischen Arbeiter einen großen Fundus dar, aus dem heraus sich saarländisches Selbstbewusstsein entfalten kann. Allerdings ist auch dies kein zwangsläufiger Vorgang. Denn in dieser Story steckt neben Erfolg auch Scheitern. Es ist der Verzicht auf Partizipation an und Konflikthandeln in Staat und Gesellschaft, durch den das kleine private Glück der Arbeiterfamilie erkauft wurde. Und der Rückzug auf das dörfliche Umfeld stärkte vor allem die lokalen Identitäten, ex negativo abzulesen an der Verbissenheit, mit der über Generationen die Feindschaft zwischen Nachbardörfern praktiziert wurde. Beides deutet nicht per se auf Landesidentität hin.

Doch weitaus größere Probleme ergeben sich, wenn man sich dem kulturellen Gedächtnis der Saarländer zuwendet. Hier von kollektiver Erinnerung zu sprechen, fällt wahrlich schwer. Die immer wieder unternommenen Versuche, auf ferne Zeiten zurückzugreifen, haben, wenn ich recht sehe, bislang keine Resultate gezeigt, denen auch nur annähernd identitätsstiftende Bedeutung zuzumessen wäre.

Ein Beispiel: Dem Faktum, dass das Saarland ein relativ junges politisches Gebilde darstellt, zum Trotz, hat sich der Landesgesetzgeber seinerzeit entschlossen, bei der Konstruktion eines neuen Landeswappens eine Brücke in die Zeit vor der Französischen Revolution zu schlagen, mit der fatalen Folge, dass kaum jemand mit diesem Wappen etwas anfangen kann. Dabei haben wir Staatsbürger insofern noch Glück gehabt, als man mit dem Fürstentum Nassau-Saarbrücken, dem Kurfürstentum Trier und den beiden Herzogtümern Lothringen und Pfalz-Zweibrücken nur auf die vier wichtigsten statt auf alle

fünfzehn reichsunmittelbaren Territorien in unserer Region zurück-
gegriffen hat. Ich behaupte: Selbst wenn man bereits den Erstkläss-
lern die Bedeutung des Wappens einbläuen würde, es wäre letztlich
nichts gewonnen. Denn territoriale Zersplitterung taugt nun einmal
am allerwenigsten dazu Identität zu stiften. Deshalb ist es auch nur
zu verständlich, dass sich das Wappen des Saarstaates (1947–1956)
mit seiner klaren Botschaft in Form des einschlägigen Autoaufklebers
weitaus größerer Beliebtheit erfreut.

Ein weiteres Beispiel: Vor etlichen Jahren ventilierte die damalige
Landesregierung die Idee, das gute alte Lotharingien als einen Kern-
bereich des alten Europa zu reanimieren, um daraus so eine Art historisch legitimierter Saar-Lor-Lux-Identität zu kreieren, von der auch
das Saarland sich hätte ein Stück abschneiden können. Auf den ersten
Blick eine hübsche Idee, bei näherem Hinsehen jedoch ein proble-
matisches Unterfangen, weil mit dem Hautgout einer Ersatzidentität
behaftet.

Und damit sind wir nun endlich auch bei der titelgebenden Elisabeth angelangt. Gemeint ist damit natürlich niemand anderes als Elisabeth von Lothringen, geboren um 1397, Tochter des Grafen Friedrich
von Lothringen-Vaudémont, Gemahlin des Grafen Philipp von Nassau-Saarbrücken, Regentin der Grafschaft Saarbrücken, Übersetzerin
französischer Heldenepen ins Deutsche und dadurch Begründerin des
deutschen Prosaromans und prominente Vermittlerin zwischen französischer und deutscher Kultur. [6]

Kein Zweifel: Elisabeth und ihr Werk sind ein historisches Pfund,
mit dem sich wuchern ließe, vielleicht sogar mit identitätsstiftender
Wirkung. Die Sache hat nur einen Haken: Keiner kennt sie – die Gemeinschaft der Geschichts- und Literaturbeflissenen ausgenommen.
Elisabeth ist keine „Saarländerin", weil sie nicht Bestandteil des kulturellen Gedächtnisses der Saarländer ist. Sie ist ebenso sehr eine historische Person wie eine Person der Historiker. Und sie teilt dieses
Schicksal, Bestandteil eines nur bildungsbürgerlichen Kanons zu sein,
mit vielen anderen Personen der Saargeschichte, die ich hier gar nicht
aufzählen will. Man schlage ersatzweise nur die Inhaltsverzeichnisse

der vier Bände „Saarländische Lebensbilder" auf oder schaue sich die „Heldenliste" an, die Reinhart Klimmt in seiner Liebeserklärung an die saarländische Wahlheimat vorgestellt hat. Da mag es durchaus graduelle Unterschiede im Bekanntheitsgrad geben, doch insgesamt fällt die Bilanz in Sachen kulturelles Gedächtnis ernüchternd aus.

Wer der Meinung ist, die saarländische Identität aus welchen Gründen auch immer gestärkt sehen und dafür die Historie heranziehen zu sollen, ist nach meinem Dafürhalten gut beraten, den Hebel zunächst auf dem Feld des kommunikativen Gedächtnisses anzusetzen und die Voraussetzungen dafür zu schaffen, dass die noch lebendige kollektive Erinnerung in den stärker strukturierten Bereich des kulturellen Gedächtnisses hineinwachsen kann. Das Potential hierfür ist – wie ich vorhin ausführlich beschrieben habe – durchaus vorhanden, so dass es vor allem darauf ankommt, die richtigen Akzente zu setzen.

Ein Beispiel: In beiden Abstimmungskämpfen wurde von den auf Pro oder Contra, Ja oder Nein fixierten Zeitgenossen nicht nur geflissentlich übersehen, dass die Entscheidungsfindung auf beiden Seiten nicht so eindimensional vonstatten ging, wie man es dem jeweiligen Gegner aus begreiflichen Gründen gerne unterstellt hat. Etwas viel Bemerkenswerteres ging hierüber völlig unter, die Tatsache nämlich, dass die Saarländerinnen und Saarländer überhaupt gefragt wurden. Denn damit erhielten sie, und zwar gleich zwei Mal binnen zwanzig Jahren, die Chance, sich darüber klar zu werden und zu erklären, wer sie sind und was sie sein wollen. Das ist, verglichen mit der Historie anderer Bundesländer, ein klares Alleinstellungsmerkmal in Sachen Identitätsfindung und deshalb bestens geeignet, ein regionales Sonderbewusstsein zu begründen. Denn Bayern, Sachsen und all die anderen mit langer staatlicher Tradition haben eine solche Bilanz nicht vorzuweisen. So schmerzlich in beiden Fällen der Prozess der kollektiven Selbstvergewisserung sich vollzogen hat, letztlich – das dürfen wir nach 70 bzw. 50 Jahren feststellen – war er jeweils wenigstens in einem Punkte heilsam, dass nämlich am Ende mehr Klarheit bestand. Vielleicht ist ein Gutteil der saarländischen Identität bereits dem bloßen Faktum zweier Volksabstimmungen geschuldet, wodurch eine Art

Identitätsschub ausgelöst wurde. Die schwierigere Ausgangssituation auf dem Feld der weiter zurückreichenden Historie verlangt zweifellos größere Anstrengungen. Und deshalb will ich abschließend ein paar grundsätzliche Bemerkungen zum Instrumentarium der Erinnerungsarbeit machen. Die erste und wichtigste Formel lautet: Ohne Popularisierung keine Identitätsstiftung. Zur Popularisierung gehört selbstverständlich die Wissensverbreitung, genauso wichtig aber ist das Moment der emotionalen Teilhabe. Die wesentlichen Mittel, die hierfür eingesetzt werden können, sind: Personalisierung, Veranschaulichung und Wiederholung.

• Personalisierung bedeutet, im Unterschied zu der jahrzehntelang dominierenden Strukturgeschichte den Menschen in den Mittelpunkt der Erinnerung zu rücken, und zwar den Menschen aus Fleisch und Blut und nicht bloß als Charaktermaske. Historische Personen, denen eine besondere Bedeutung zugemessen werden kann, besitzen nun einmal ein hohes Identifikationspotential.

• Veranschaulichung heißt, dass es materieller Substrate bedarf, an denen sich Erinnerung festmachen lässt. Diese „Ankerpunkte" können z.B. herausgehobene Orte, also Schauplätze von Geschichte, Bauwerke oder Denkmäler sein. Darüber hinaus bietet eine gezielte Auswahl aus der Masse der auf uns überkommenen dinglichen Überreste ein hervorragendes Anschauungsmaterial. Von diesem Gedanken lebt das historische Museum, dem eine identitätsstiftende Absicht bekanntlich von jeher innewohnt.

• Und Wiederholung meint, dass alle unternommenen Anstrengungen über den Tag hinaus wirksam sein müssen, was am ehesten dadurch gelingt, dass in regelmäßigen, nicht sehr großen Abständen erinnert wird, z.B. durch jährlich wiederkehrende Feste.

Natürlich liegen auf den Wegen der Identitätsstiftung durch Erinnerung eine Menge Fallstricke herum. Um nur einige zu nennen: Vergröberung, Legendenbildung, Überhöhung ins Quasisakrale, Instrumentalisierung für Herrschaftszwecke usw. Dennoch bleibe ich dabei, dass das Sich-Einlassen auf eine Gratwanderung bei der „Erfindung der Nation auf Saarländisch" der zu zahlende Preis dafür ist, dass Elisabeth vielleicht doch noch Teil unseres kollektiven Gedächtnisses wird und niemand mehr fragt: Wer, zum Teufel, ist Elisabeth?

Anmerkungen

1) Ich zitiere aus der Erinnerung als Augen- und Ohrenzeuge. Im Folgenden beschränke ich mich auf knappste Literaturnach- und hinweise, da es mir im vorliegenden Text vornehmlich um Anregungen geht, wie bei der Suche nach historischen Bausteinen einer saarländischen Identität vorgegangen werden sollte. Intendiert sind weder ein Forschungsüberblick noch eine Auflistung möglicher Resultate des Suchvorgangs.

2) So Lutz Niethammer in: ders., Kollektive Identität. Heimliche Quellen einer unheimlichen Konjunktur. Reinbek 2000, 34

3) Harald Welzer, Das soziale Gedächtnis, in: ders. (Hg.), Das soziale Gedächtnis. Geschichte, Erinnerung, Tradierung. Hamburg 2001, 9-21, 11

4) Vgl. Maurice Halbwachs, Das kollektive Gedächtnis. Frankfurt a.M. 1985

5) Vgl. hierzu grundlegend: Jan Assmann, Das kollektive Gedächtnis. Schrift, Erinnerung und politische Identität in frühen Hochkulturen. München 1992

6) Vgl. Wolfgang Haubrichs, Hans-Walter Herrmann (Hgg.), Elisabeth von Lothringen, Gräfin von Nassau-Saarbrücken. St. Ingbert 2002

Stefan Weszkalnys

Was macht den Saarländer aus?
– Kulturelle Eigenarten in der Saargegend.

Ein Saarländer oder „Hiesiger" ist von den konkreten Gegebenheiten und Geschehnissen dieser Gegend geprägt und nimmt seinerseits wieder auf die Gestalt und das Geschehen im Lande mit engerer oder weiterer Ausstrahlung Einfluss.

Die erste Voraussetzung zum Saarländer ist also das Leben in den Landen an der Saar, und je länger dieses Leben schon hier währt, desto mehr ist man Saarländer. Das eigene Erleben und die Erfahrung als Saarländer steigern sich durch Familienüberlieferung. Je länger diese zurückreicht, je mehr sie einem übermittelt wird und je mehr man sich dieser bewusst wird, desto mehr ist man Saarländer auch nach dieser Art, diesen Maßstäben, diesem Verhalten und diesen Zielen.

Als das Gebiet des heutigen Saarlandes ab 1815 zu ca. 70 % von Preußen, zu ca. 20 % von Bayern und zu ca. 10 % von Oldenburg bzw. Sachsen-Coburg-Gotha in die Regierungsgewalt übernommen wurde, zählte es ca. 130.000 Bewohner. In den rund 100 Jahren bis zum Beginn des I. Weltkrieges wuchs die Bevölkerung dank der Entwicklung von Bergbau, Eisen-, Glas- und Keramikindustrie auf rund 750.000, bis sie zwischen 1960 und 1970 ihren Höchststand von ca. 1,1 Mio. Einwohnern erreichte.

Weil das Bevölkerungswachstum nach 1815 weit stärker auf Zuwanderung aus Nachbarlandschaften als auf Geburten der Altansässigen zurückzuführen war, gibt es vor allem in den Städten der Saargegend nur recht wenige Bewohner, die von den vorindustriell hier Lebenden abstammen und sich dieser Abstammung gar noch bewusst sind. Besonders nützliche Hilfe auf dem Gebiet der Familienkunde leisten die etwa 500 Mitglieder der gleichnamigen saarländischen Arbeitsgemeinschaft – auch weit über die Landesgrenzen ausgreifend. Sie werden unterstützt von den im Landesverband historisch-kultureller Vereine organisierten ca. 50 Vereinen und Arbeitsgemeinschaften oder von Archiven des Landes, der Kreise und Kommunen, bis hin zu kooperativen Standesämtern, die den Datenschutz nicht schon vor 1900 beginnen lassen.

Vergessen wir nicht, dass der Dreißigjährige Krieg in den Grafschaften Saarbrücken und Ottweiler sowie in den ebenfalls protestantischen Zweibrücker Landen, teilweise auch in katholischen lothringischen Gebieten zum weitgehenden Tod oder zur Flucht der Bevölkerung geführt hatte oder dass nach 1648 kaum Rücksiedler in das verwüstete Land kamen. Es waren angeworbene Tiroler und Schweizer, zu welchen sich ab 1685 Hugenotten aus Frankreich gesellten bzw. eigene Dörfer errichteten, wo sie etwa die hiesige Glasindustrie im Warndt begründeten.

Halten wir also fest, dass sich in weiten Teilen des Saarlandes kaum eine Abstammung von bereits im späten Mittelalter oder der frühen Neuzeit hier ansässiger Bevölkerung finden lässt und somit auch kaum ein kontinuierlich ausgeübtes Lokal- oder Regionalbrauchtum, was nicht mit Anlässen des kirchlichen Jahreskreises verwechselt werden darf. Ausnahme ist vor allem das ehemals kurtrierische und katholische Land von der Mosel über Merzig bis St. Wendel, übrigens bis heute noch immer vergleichsweise geringer besiedelt und industriell schwächer besetzt.

Wenn überhaupt, dann haben sich im Hochwaldvorland bzw. im nördlichen Saarland genetische Linien, Überlieferung und Wesenszüge aus gallo-romanischer Frühzeit, dann aus fränkischer Landnahme und Neusiedlungszeit des Hochmittelalters erhalten. Im Hochwald gibt es auch einzelne Dörfer – zumeist solche von geringer Gemarkungsfläche – , in welchen sich Abkömmlinge von Wanderberufen (Köhler, Kesselflicker, Siebmacher) oder seit unvordenklichen Zeiten fahrenden Volkes in den letzten 150 bis 50 Jahren fest angesiedelt haben und wo noch heute ganze Orte von den benachbarten mit entsprechender Vorsicht betrachtet oder nach ererbtem Vorurteil bezeichnet werden.

Berücksichtigenswert bleibt auch, was die Sprachwissenschaft belegen kann: Nämlich dass im Hochwaldraum der Sprachgebrauch erst zwischen dem 8. und 10. Jahrhundert nach Christus vom Gallo-Romanischen zum Fränkisch-Germanischen wechselte. Diese ehemals zurückgezogene Welt ist auch heute noch im Dialektwortschatz und in Verhaltensweisen erkennbar.

Erkennbar wird sie im Vergleich mit der aus vielerlei Zuwanderung vermischten, seit Mitte des 19. Jahrhunderts überwiegend nicht mehr von der Landwirtschaft, sondern von der Industrie lebenden Bevölkerung der Saar-Blies-Achse von Dillingen über Saarbrücken bis Neunkirchen-Ottweiler, ergänzt um das bayerisch-saarpfälzische Kohle- und Industriegebiet St. Ingbert-Bexbach-Homburg.

Den ländlich-landwirtschaftlichen Raum kennzeichnet eine – mit Ausnahme der Erntezeit und Ernteverarbeitung – überwiegend individuelle oder Kleingruppentätigkeit bei jahreszeitlichen Ruheperioden. Der städtische oder industriedörfliche Raum führt dagegen viele Menschen in großen Betrieben zusammen – nahezu losgelöst von Jahreszeiten, von Tag oder Nacht, von Werktag oder Sonntag.

Im Industriegebiet herrscht notwendigerweise lebhafter Austausch bei entsprechend häufiger Begegnung mit anderen, nicht näher bekannten Bewohnern dieses Raumes, oder gar mit wirklich Fremden – solchen, die nach Sprache oder gar Aussehen ihren Ursprung woanders haben. Aufschlussreich im Sinne historisch eher hoher Einschätzung der Fremden ist die Redensart „Der do schwätzt nit von weither – der kann nix Besonneres sinn!" Das gilt seit rund 40 Jahren jedoch nur noch sehr eingeschränkt.

Der ländliche Raum hatte an dieser Alltagsbeschleunigung und Vermehrung von Begegnungen bis in die 60er Jahre des 20. Jahrhunderts fast nur im Umfang seiner Arbeitspendler Anteil. Allerdings kommt der Unterschied der Eigenart von ländlich-offenen und industriell-verdichteten Gebieten in anderen Teilen Deutschlands, Europas und der Welt genauso oder ähnlich vor. Worin liegt also das Unvergleichliche? Es liegt nicht am Landschaftsraum alleine, er wirkt nur mit.

Es liegt nicht an Berufsgruppen großer Bevölkerungsteile alleine, aber diese wirken schon viel wesentlicher mit. In diesem Zusammenhang sei nur auf die Existenz der Berg-, Hütten- und Knappenvereine oder Barbara-Bruderschaften, ca. 80 Vereine mit ca. 26.000 Mitgliedern, hingewiesen.

Das Unvergleichliche liegt wohl am auffälligsten an der Mischung von familiärem, örtlichem und regionalem Schicksal und dessen Überlieferung bzw. dessen unbewusster oder gewollter Übernahme für das eigene Leben. Diese Einheit aus Mischung tritt uns im Typ des „seienden" und im Typ des „bewussten" Saarländers gegenüber.

Der seiende Saarländer in seiner ganz überwiegenden Erscheinungsform – also der aus dem alt-industriell geprägten Landesteil – ist ein sehr geselliger und gleichzeitig naturliebender Mensch: Er liebt die eigene Natur am meisten. Er trinkt, weil er Durst hat, bis der Durst gelöscht ist, und er isst, weil er Hunger oder Lust dazu hat, bis er satt ist oder weil nichts mehr da ist. Er trinkt vorwiegend Bier, auch Kaffee und Schnaps; Wein eher bei Betriebs-, Vereins- oder Familienausflügen an Mosel und Rhein oder in Vorderpfalz und Elsass. Wein ist an der Saar und ihren Nebenflüssen ein Zeichen für den etwas besseren Anlass, bei dem man sich länger vernünftig benehmen muss, Männer sogar Schlips tragen.

Der seiende Saarländer ist zufrieden, wenn er „Seins" oder „Es" „Seiner" hat, wenn „alle' zwei fleißig schaffe unn sauwa sinn, wa'ma sei Heisje hat, sei Audo, vielleicht sogar e „Waache", sei Gäärdche, sei Vereine (hierzu ein weiterer Blick auf die Statistik musisch- und musikkultureller Vereine). Er braucht sei Werkstatt (im Garaasch), e feschda Platz fier de Camping, genuch Platz im Keller oder im „Schubbe", weil ma jo nit alles wegschmeiße kann – ma kanns jo ball noch emol gebrauche, weil ma jo anbaue kennt odda misst; uff jede Fall gebbd's immer ebbes ze bossle un ze rebariere – soll nur kenner „knoddele" do driwwa sahn!"

Der seiende Saarländer „schafft uff die Rent'" und berät sich über den Gartenzaun mit seinen Nachbarn, „wie ma do ball' eninn kummt unn wie ma dann dodemit klar kummt – weil, ma hat jo nimmeh so vill Enkelcha wie noch mei Oba – ma muss jo noch ebbes mache, weil, ma is jo nit so ald ald wie die Alde von friea". Und: „In die Kerch, das is jo meh' for die Weibsleit – awwa for die gebbds jo ball kän Parrere meh' – ob die dann noch so vill bäde, wann kenna meh vorbädt? Die Kerch misse ma awwa behalle – weil, wo soll ich dann bei meina Beerdichung sunschde hin?"

Was ist noch wichtig? Familie, Verwandtschaft, gudd esse – Schwenker, Lyoner, Fleisch mit Soß für Hooriche, dann Gefillde mit Sauerkraut, ab und zu auch Dibbelabbes, nachmittags ein ordentlicher Kaffee mit trockenem Kuchen am Werktag, mit Obstkuchen oder Torten am Wochenende.

Der seiende oder „Normal-Saarländer" kennt immer einen, der einen kennt, der einem aus diesem oder jenem Problem hilft, der „ebbes ginschdich besorje kind - Muschdu mir nur sahn!" Dem Staatssekretär fällt der laut Preisliste recht bedeutende Wagen eines jungen Assessors auf. „Sagen Sie mal, wie sind Sie denn an so ein Auto gekommen?" – „Ei, ich hanne bezahld!"

Wir dürfen die liebevolle Dekoration mit Häkeldeckchen ebenso wenig vergessen wie die vielgestaltigen Urlaubssouvenirs an den Wänden. Man reist gerne wieder an den Ort, wo es einmal schon so schön war und wo man, Gott sei Dank, genug Leute trifft, mit denen man vernünftig und normal reden kann – wie dehemm. Urlaub soll doch nicht anstrengen!

Beim Sprachgebrauch – dazu ist auf die oft in hochdeutschem Ernst diskutierenden Gremien wie Mundartring Saar, die Bosener Gruppe oder den auch auf die Sprache fixierten Saarländischen Volksbühnenbund zu verweisen – beginnt die fließende Übergangszone zum „bewussten" Saarländer.

Diesem ist zu Hause, in der Schule oder bei späterer Gelegenheit nahe gebracht worden und aufgegangen, dass man mit der angeborenen Mundart in der dazu passenden Umgebung und beim passenden Anlass sehr willkommen ist und dazu gehört. Aber auch, dass es andere Umgebungen und Anlässe gibt, bei welchen man mit „Schriftdeutsch" oder gar „Hochdeutsch" besser verstanden und besser akzeptiert wird.

Man begreift, dass die Welt nicht insgesamt „saarlännisch" spricht oder sich so verhält.

Der bewusste Saarländer weiß um die Vergangenheit eines von jeweils stärkerer Seite begehrten und zeitweise beherrschten Grenzlandes. Er weiß, dass jede dieser Epochen Spuren in den Menschen und in den Familienschicksalen hinterlassen hat. Jedem neuen Landesherren war so zu begegnen, dass man möglichst verstanden wurde; viele Brocken aus der Sprache derer, die das Sagen hatten, wurden für lange Zeit übernommen.

Napoleonische Zeit und preußisch-bayerische Restauration, ebenso die bürgerliche Revolution von 1848 liegen schon sehr weit weg. Sie werden nicht mehr überspannt von jenem bezeugten Wissen, das unsere Großeltern noch von ihren Großeltern aus deren Jugend erzählt bekamen und das die Enkel von einst den Enkeln von heute als wichtige Erinnerung berichten, wenn denn der Kontakt zu Großeltern heute überhaupt noch selbstverständlich oder erwartungsvoll-neugierig stattfindet.

In Saarbrücken ist mit der Redensart „das is e Betrieb wie ‚70" auch das besondere Erlebnis vor, während und nach der Schlacht von Spichern (6. Aug. 1870) am Verblassen. Der bewusste Saarländer oder wenigstens der bewusste Saarbrücker kennt noch das inzwischen sehr veränderte Schlachtfeld zwischen Bellevue und Spicherer Berg, zwischen St. Arnual und Forbach. Er schüttelt im Deutsch-Französischen Garten auch noch darüber den Kopf, dass man 1964 die Endstation der Seilbahn unmittelbar neben den Ehrenfriedhof von 1870 platziert und diesen so für jeden Sommer zur Rummelkulisse degradiert hat.

Auch auf die von zehntausenden Saarbergleuten erlittene und durchkämpfte Zeit der großen Streiks und des Versuchs, sich im wahrsten Sinne des Wortes „Rechtsschutz" zu verschaffen, muss in diesem Zusammenhang verwiesen werden. Also auf eine Zeit zwischen 1889 und 1893, welche auch in die Familiengeschichten einging und die als mitbestimmend für so manches gewerkschaftliche oder parteipolitische Engagement bis auf die heutige Zeit vermutet werden darf.

Der bewusste Saarländer trägt zwar nicht speziell auf saarländische Weise das Erleben seiner Groß- oder Urgroßeltern im I. Weltkrieg mit sich, aber die Zeit der Abtrennung ab 1919 bis 1935 hat unverwechselbare Spuren hinterlassen, dabei insbesondere der Abstimmungskampf 1934/35 – und die Zeit danach.

Es waren ja tausende Personen und Familien, welche wegen ihrer Aktivitäten in dieser Kampfzeit oder ihrer Zugehörigkeit zu verfemten Minderheiten nach der Volksabstimmung um ihr Leben fürchten und das Land verlassen mussten. Die Betroffenen – Familien und Einzelne – stammten aus allen Teilen des Landes. Längst nicht alle konnten aus dem Untergrund, dem KZ oder dem Exil nach 1945 wieder heimkehren. Das Schicksal der wegen und nach 1935 Verfolgten hat für bewusste Saarländer viele sichtbare, fühlbare und verpflichtende Spuren hinterlassen.

Nur etwa ein Drittel der Saarländer war als Bewohner der grenznahen „roten Zone" zu Kriegsbeginn September 1939 bis etwa zum Juli 1940 von Evakuierung betroffen, vom Abtransport in die Fremde, von der Überwinterung und der Heimkehr in beschädigte, geplünderte Häuser, in zerstörte Dörfer und verminte Felder und Wälder. Die Evakuierten teilten ihre besondere Erinnerung – auch jene von der noch bittereren zweiten Evakuierung 1944/45 – nicht mit allen Landsleuten, wohl aber mit der Bevölkerung des benachbarten Grenzraumes in Lothringen. So trennt die Grenze – und verbindet zugleich. Zu denken ist also auch an die tausende Saarländer und Lothringer, die wegen ihres so zu erklärenden Geburtsorts in Hessen oder Thüringen, in der Charente oder Dordogne sich ständig als eigentlich „echte" Einheimische erklären oder gar rechtfertigen müssen.

Gesamtsaarländisch prägt dann wieder die Zeit der besonderen Situation des Landes - zunächst in der französischen Zone ab Juli 1945, dann in den Erscheinungsformen des von Frankreich in so paradoxer Weise behandelten Saarlandes ab November 1947. Wohltaten mit guten Auswirkungen bis heute – z.B. früher frz. Sprachunterricht, Universität, Musik- und Kunsthochschule - haben Polizeistaatsmethoden, Ausweisungen, gelenkte Demokratie, wirtschaftliche Zwangsverwaltung oder Schmuggel jener 10 Jahre weder damals überwogen, noch bis heute vergessen lassen.

Der die Erinnerung gleichfalls prägende Abstimmungskampf von 1955 war weit kürzer als 1935, seine Mittel und Aussagen grell – aber weniger drohend als 1935 – sein Ergebnis weniger radikal oder absolut. Seine Konsequenzen waren im Wesentlichen gemäßigt, wenn auch nicht ohne unmittelbare berufliche Folgen für so manche; mit bisweilen zu sehr von trotzig-triumphierendem und rückwärtsgewandtem Zeitgeist erzwungenen Straßenumbenennungen, mit wirtschaftlichen und sozialen Folgen alsbald für die breite Bevölkerung. Diese über die Bonner Undankbarkeit erboste Bevölkerung deutete deshalb auch die als erstes KFZ-Kennzeichen ab 1.1.1957 ausgegebene Buchstabenserie „SB-AA" als „Sozialer Besitzstand am Arsch".

Der bewusste Saarländer ist nicht nur ein Sammler von Wissen um die Vergangenheit, er ist auch ein Sammler von Zeit-Dokumenten aller Art. Unter diesen waren die Saar-Briefmarken zweifellos die populärsten. Sie waren nach beiden Weltkriegen ein Spiegel spezieller saarländischer Gegebenheiten, gewissermaßen der amtlichen „Leitkultur".

Seit der Rückgliederung vom 1. Januar 1957 und dem „D-Mark-Tsunami" vom 6. Juli 1959, der von der im Treibhaus entwickelten, unglaublich vielfältig produzierenden Saarwirtschaft nur die widerstandsfähigsten oder ganz schnell mit bundesdeutschem Kapital verstärkten Firmen überleben ließ – seit dieser vergleichsweise „aufregenden" Neuorientierung sind die das saarländische Allgemeinbewusstsein prägenden Anlässe flacher und seltener geworden.

Zum bewussten saarländischen Wesen gehört die Erkenntnis, dass die früheren Territorien in der Saargegend, das Saargebiet, das Saarland nie aus eigener Macht geschaffen, erhalten und gesichert worden sind. Nein, Herrschaftsgebiete in der Saargegend, eher Verwaltungsgebiete, sind mit Willen oder bewusster Duldung stärkerer Nachbarn oder fern gelegener Machtzentren entstanden, verändert, untergegangen und neu gebildet worden.

Die Saarländer als Grenzbevölkerung seit rund tausend Jahren haben den Wellenschlag, Ebbe und Flut der Geschichte hinnehmen müssen. Mal wechselten die Gezeiten eher gemächlich, mal wurden sie von Stürmen begleitet. Zeitweise hebt sich das Land und schenkt neue, wirtschaftliche Prosperität, dann wieder sinkt es. Grenzwälle brachen, aus ehrwürdigsten Bauwerken wurden römische Kleinkastelle gebastelt.

Der bewusste Saarländer erinnert sich, dass die so genannte Schweizer Hilfe in den Notjahren 1946-1948 Geld sammelte für Seife, damit sich saarländische Kinder in den zerbombten Städten die zwangsläufig verlausten Haare waschen konnten. Heute stehen die Schweizer in den Rathäusern und drängen uns ihr Geld zum Waschen auf. Damals schenkten sie Notkirchen, heute versprechen sie das Einkaufsparadies.

Der bewusste Saarländer ist skeptisch, wenn man ihm eine Hinrichtung als zwangsläufigen Weg zur Wiederauferstehung erklärt. Dazu klatscht er nur Beifall, wenn er vorher Jesus im Saarland begegnet. Der ist bis heute noch nicht einmal nach Marpingen gekommen! Aber das ist ein neues Thema.

Ludwig Harig

Weißt du, wie viel Sternlein stehen
Über Heimat und Heimweh

Ich bin gebeten worden, Ihnen meine Anschauung von Heimat vorzustellen. Sie wissen, ich bin Schriftsteller, folglich gehe ich vom Wort aus, bevor ich mich in Deutungen und Beschwörungen verliere. Das Wort Heimat, ein ausschließlich auf das deutsche Sprachgebiet beschränktes Wort, ist aus dem germanischen Wort Heim abgeleitet und weiterentwickelt und von Anfang an – schon im Althochdeutschen vor dem Jahr 1000 stark gefühlsbeladen und nur aus einem Verständnis irrationaler Empfindsamkeit zu begreifen.

Heimat ist folglich nicht nur der Ort oder auch Landstrich, in dem man geboren ist oder bleibenden Aufenthalt genießt -, Heimat ist, wie Schiller es ausdrückt, das Teuerste was Menschen besitzen. Der Deutsche geht sogar, wenn er, freiwillig oder gezwungen, seinen Lebensraum verlässt, über alles Vorstellbare hinaus und nimmt die beseligende Kraft der Heimat in Kopf und Herz in die Fremde mit. Heimat ist das höchste Seelengut, das im Deutschen am häufigsten und überschwänglichsten besungen worden ist.

Nietzsche, der vielleicht humorloseste Dichter deutscher Sprache, singt:

„Die Krähen schrei'n
und ziehen schwirren Flugs zur Stadt.
Bald wird es schnei'n:
Weh dem, der keine Heimat hat."

Und Joachim Ringelnatz, dem überhaupt nichts heilig ist, vergisst
fast seinen schamlosen Spott und lässt seinen Globetrotter Kuttel
Daddeldu beim Abschied der Seeleute singen:
„Die Mädchen, die weinen,
sind schwach auf den Beinen.
Was schert uns ihr Weh!
Das eh, ach das legt sich.
Unsere Heimat bewegt sich
Und trägt uns in See:
Far-away!"

Das Weh, von dem Nietzsche und Ringelnatz so eindringlich singen, ist von der Sprache her gleichfalls eine rein deutsche Wortprä-
gung, hat es im saarländischen Heimweh seinen höchsten Ausdruck
erfahren.
    Hören Sie also meine Beschreibung des saarländischen Heimwehs
unter Berücksichtigung des schweizerischen Heimwehs und der griechischen Nostalgie.

Das Heim und das Reich

*Eine Beschreibung des saarländischen Heimwehs unter Berücksichtung des
schweizerischen Heimwehs und der griechischen Nostalgie*

Es gibt keine zwei Orte in der Welt, die weiter voneinander entfernt
liegen als das Heim und das Reich. Das Heim ist der Ort, an dem der
Mensch sich niederlässt; das Reich ist der Ort, an dem der Mensch
von einem Bein auf das andere tritt. Daheim weiß der Mensch, was
geschieht, und er ist ruhig; im Reich weiß der Mensch nie, was in der
nächsten Stunde passieren kann, und er ist voller Unruhe. So lässt sich
der eine Mensch in aller Ruhe daheim nieder, ist vergnügt und bei
sich selber vor lauter Genügsamkeit; und so tritt der andere Mensch

unruhig im Reich von einem Bein auf das andere, ist geil und außer sich vor lauter Begehrlichkeit. Die Genügsamkeit macht vergnügt und lässt den Menschen heimkehren, was sich ganz deutlich in einem Anwachsen des persönlichen Glückes zeigt; die Begehrlichkeit macht geil und lässt den Menschen reich werden, was sich nicht nur in Reichsverfassungen, sondern auch in den Regierungserklärungen und –bilanzen von Republiken als Aufforderung zum notwendigen wirtschaftlichen Wachstum niederschlägt. Auf der einen Seite steht das Glück, und auf der anderen Seite steht die Wirtschaft; nein, es gibt keine zwei Orte in der Welt, die weiter voneinander entfernt liegen als das Heim und das Reich.

Das Heim ist klein und vergleichbar einem ganz und gar gegenständlichen Brunnen, der immerzu am Fließen, das Reich aber ist groß und ein völlig ungreifbarer Popanz, der immerzu am Fressen ist. Das Heim nährt, und so ist das Heimkehren ins Heim auch ein immerwährendes Teilen und Bescheiden; das Reich dagegen zehrt, und so ist das Reichwerden im Reich zugleich mit einem ständigen Kapital – und Konkurrenzkampf verbunden. Das Heimkehren ins Heim und das Reichwerden im Reich sind so verschieden voneinander, dass man sich nicht vorstellen kann, wie jemals ein Mensch auf den Gedanken verfällt, sein Heim zu verlassen, um sich ins Reich zu begeben, wiewohl es jedermann begreiflich erscheint, wenn jemand fluchtartig dem Reich seinen Rücken kehrt, um flugs sein Heim aufzusuchen.

Aber nicht jeder kann heimkehren, und nicht jeder kann reich werden. Was ist der Mensch für ein sonderbares Geschöpf, es gibt welche, die wollen es noch nicht einmal! Wer aber nicht heimkehren kann, der leidet ein Weh, dieses Weh ist das Heimweh; und wer nicht reich werden kann, der wird in die Pflicht genommen, und diese Pflicht ist die Reichspflicht. Was haben wir nicht alles erleben müssen mit Menschen, die ein so schreckliches Heimweh gelitten haben und die so fürchterlich in die Reichspflicht genommen worden sind, dass ihnen zuerst das Lachen und am Ende Hören und Sehen verging. Wie es auch sei, das Heimweh war immer nach der Heimkehr ins Heim, und die Reichspflicht war immer nach dem Reichtum im Reich gerichtet, man hat nie davon gehört, dass jemand eine Heimpflicht empfunden oder gar dass jemand am Reichsweh gelitten hätte.

Und doch, dem Saarländer ist es geschehen, dass er verschiedene Male in der Geschichte, davon allein zweimal in unserem Jahrhundert, in diesen scheinbar ausweglosen Widerstreit, in diesen scheinbar unausgleichbaren Gegensatz, in diesen tragischen Konflikt zwischen Heim und Reich geriet. Man hat von vielen tragischen Konflikten gehört zwischen Neigung und Pflicht, zwischen Freiheit und Notwendigkeit, zwischen Wirklichkeit und Idee, aber nie zuvor im Trauerspiel der Geschichte waren Neigung, Freiheit und Wirklichkeit so innig mit dem Heim des Saarländers und waren Pflicht, Notwendigkeit und Idee so eng mit dem Reich der Deutschen verknüpft wie im Falle dieses Konfliktes.

Im eigenen saarländischen Heim geborgen, aber vom Reich der Deutschen abgetrennt, schallte den Saarländern plötzlich der völlig kontradiktorische Ruf entgegen: „Heim ins Reich!", was soviel heißen sollte, wie: „Ihr Saarländer, kehrt heim ins Reich." Die Saarländer ihrerseits, von diesem Ruf zum einen Teil überrumpelt, zum anderen Teil geschmeichelt, griffen ihn begierig auf und gaben ihn zurück, indem sie riefen: „Heim ins Reich!", was aus ihrem Munde soviel heißen sollte wie: „Wir Saarländer kehren heim ins Reich."

Nun sagten die Saarländer nicht „heim", sondern sie sagten „hemm", was nicht nur ihrer Sprache, sondern vor allem ihrem Wesen und ihrem Temperament entsprach. Sie sagten allerdings auch nicht: „Hemm ins Reich", was die folgerichtige Umsetzung ins Saarländische gewesen wäre, nein, sie drehten und sie modelten an diesem Ruf, sie kürzten und sie verstellten, sie wandelten ihn schließlich völlig um, und am Ende sagten sie: „Nix wie hemm", was sich beim ersten Anhören so auslegen lässt, als hätten sie Tag und Nacht nichts anderes im Sinn gehabt als dieses Heimkehren ins Reich.

Aber so wenig wie es eine Heimpflicht und ein Reichsweh gibt, so wenig gibt es im Grund ein Reichwerden im Heim und ein Heimkehren ins Reich. Der Saarländer, der ja weder eine geschlossen tragische

Weltsicht noch einen geschlossen tragischen Konflikt, ja nicht einmal eine geschlossen tragische Situation aushält, musste diesen unaufhebbaren Widerspruch auf saarländische Weise aus der Welt schaffen. Geborgenheit im Reich, das dem Saarländer immer etwas Fremdes und auf der anderen Seite des Rheines Gelegenes war, konnte ihm nicht zuteil werden, und so wandelte sich der Sinn dieses Rufes: „Nix wie hemm!" allmählich wieder zurück, und beim zweiten Anhören begreift jedermann, dass aus dem Heimkehren ins Reich wieder ein Heimkehren ins Heim und der Konflikt damit auf eine unspektakuläre Weise aufgehoben worden war. Geborgenheit im Reich, wo ihm schon der Pfälzer, der vor seiner Haustüre wohnt, ein furchteinflößender Fremder ist, nein, das würde es für den Saarländer nicht geben können. Wenn ein Saarländer eines Pfälzers ansichtig wurde, dann rettete er sich und rief: „Uff die Bääm, die Pälzer kumme!" Und von Schnappach, in diesem Ruf ist die auswärtige Peitsche zu hören, aber auch das Sulzbacher Grausen vor dieser Peitsche der Fremde, die so scharf knallt und so hart trifft, dass es einem ganz krank im Ohr und ganz elend im Magen wird. Diese Krankheit und dieses Elend ist das Heimweh, das, wie eine auf lauter Erfahrungen gestützte Untersuchung der Sendereihe DIALOG der Europawelle Saar nachweist, eine durch und durch saarländische Erscheinung ist, und man kann infolgedessen mit Fug und Recht vom saarländischen Heimweh sprechen.

Zum Glück haben wir kein Reich mehr, sondern einen vertraulichen Zusammenschluss von lauter Heimen, so dass das saarländische Heim die Segnungen des Föderalismus genießt, und der Saarländer braucht nicht mehr ins Reich heimzukehren. Nein, von nun an darf er bis in alle Ewigkeit in sein Heim heimkehren, und darauf hat er lange gewartet. Wenn er auch nicht mehr in die Reichspflicht genommen wird, so muss er doch Heimweh leiden, und zwar sein eigentümliches und von allen anderen Heimwehen der Welt grundverschiedenes saarländisches Heimweh, das in seiner Heftigkeit nur aus diesem kontradiktorischen Konflikt zwischen Heim und Reich zu erklären ist und, als extrem saarländisches Gebrechen, nicht Heimweh, sondern „Hemmweh" heißt.

Als Jean-Jacques Rousseau am 20. Januar 1763 aus seinem Schweizer Exil einen Brief an seinen Freund und Gönner, den Marschall von Luxemburg, schrieb, da sprach er von einer Krankheit, die er nur in der Schweiz angetroffen habe und die so schlimm sei, dass sie in manchen schweren Fällen tödlich verlaufe, eine Krankheit, die die Schweizer in Strömen von Tränen ausbrechen lässt, sobald irgendwo Kuhglocken ertönen oder der Kühreigen erklingt, eine alte Volksweise der Hirten. Rousseau nennt diese Krankheit beim Namen, er schreibt diesen Namen hin und unterstreicht ihn, damit dem Marschall die außergewöhnliche Besonderheit dieser Krankheitsbezeichnung ganz deutlich bewusst werden soll; er schreibt „le Hemvé", mit großem H und mit accent aigu auf dem letzten e.

Fast ist man geneigt, diese beschriebene Krankheit ausschließlich als ein Schweizer Gebrechen anzusehen, die Schweizer sprechen vom „Heimweh" oder vom „Heimwehe", als seien es nur das Läuten der Kuhglocken und die Milchsuppe zum Frühstück wert, dass der auswärts lebende Schweizer von dieser schrecklichen Krankheit heimgesucht wird.

Indes hatte der Mühlhausener Hofer aber auch schon den Begriff der „Nostalgie" empfohlen, und so schien es eine Zeitlang, als würden sich mit dem „nostos" und dem „algos" die grauenhaftesten griechischen Krankheitsbilder einfinden, zu dem Läuten der Kuhglocken würde sich das Flöten der arkadischen Schäfer und zu der Milchsuppe würden sich die gefüllten Paprikaschoten hinzugesellen, es schien, als hätte sich Odysseus, der mit diesem griechischen Heimkehrschmerz Geplagte, nach Schoten und Schalmeien verzehrt wie der Schweizer nach Milchsuppe und Kuhglocken. Aber nichts dergleichen, Odysseus hatte sich in der Fremde getröstet, bei Nausikaa hatte er die balsamischen Birnen gegessen und bei Kirke den herzerfreuenden Wein getrunken, ja wäre er nicht dazwischengetreten, seine Gefährten hätten den Lotos der Lotophagen und die Ochsen des Helios verzehrt, ohne je ein Verlangen nach den heimatlichen ionischen Schoten zu verspüren. Nein, die Griechen sind keine Schweizer, die trösten sich in der Fremde, die Schweizer dagegen sind untröstlich, wenn sie auf ihre Milchsuppe verzichten müssen.

Dennoch, aus dem schweizerischen Heimweh, einem landläufigen Gebrechen, wurde die griechische Nostalgie, eine legitime Krankheit. Das Naturübel wandelte sich in ein Kulturübel um, dem Naturwort folgte das Kulturwort nach, das physische Leiden entpuppte sich als eine Geisteskrankheit. 1763 widmete Professor Sauvage von der medizinischen Fakultät in Montpellier dem Leiden eine systematische Untersuchung in seiner methodischen Krankheitslehre „Nosologia Methodica". Darin unterschied er die Nostalgia simplex, die Nostalgia complicata und die Nostalgia simulata, also die einfache Nostalgie, die als Magen- und Herzdrücken auf Montage, und die vorgetäuschte Nostalgie, die als Magen-, Herz- und Kopfdrücken in der Armee auftritt.

Das physiologische, auf reinen Sinnenbefriedigungen basierende schweizerische Heimweh steht der intellektualistischen, auf Geistestätigkeiten beruhenden griechischen Nostalgie gegenüber, und man könnte diese polaristische, diese kontradiktorische Krankheitsbeschreibung als umfassend und erschöpfend ansehen, wenn es nicht noch ein drittes, ein höheres, ein entscheidenderes Heimweh geben würde, das weder ein schweizerisches Naturübel noch ein griechisches Kulturübel, sondern ein fundamentales, quasi ein phänomenologisches Übel darstellt, das aus größerem Hunger gespeist und aus tieferem Verlangen in Gang gesetzt wird und nicht mit Milchsuppe und Paprikaschoten, nicht mit helvetischen Glocken und nicht mit arkadischen Schalmeien gestillt werden kann. Es ist ein Gebrechen, eine tödlich verlaufende Krankheit, die die Franzosen zuerst als „maladie du pays", dann als „maladie allemande" und schließlich mit einem Namen bezeichnen, der nicht einmal ihrer Sprache angehört, nämlich Hemvé.

Das Schweizerische und das Saarländische sind nicht nur verschiedene Arten und Weisen des menschlichen Existierens, o nein, es sind verschiedene Arten und Weisen der Menschenmöglichkeit überhaupt. Es sind nicht nur unterschiedliche Existenzialien, es sind unterschiedliche Essentialien, sie stellen völlig verschiedenartige Ideen vom Menschen dar, und zwar das Schweizerische eine konstitutive, das Saarländische eine regulative Idee. Am Schweizerischen erkennt man, dass dem Menschen alles angeboren ist, das Milchsuppenessen am Morgen und die Freude an den harmonischen Kuhglocken den ganzen Tag über; am Saarländischen aber erweist sich, dass die Seele ein unbeschriebenes Blatt geblieben ist: ein französisches Weißbrot erfreut den saarländischen Menschen ebenso wie das Rauschen der deutschen Bäume. Kein Saarländer würde, wie es die ausländischen Gäste des Hotels Atlantis Sheraton zu Zürich am See tun, das nächtliche Abhängen der Kuhglocken verlangen, die dort am Ütliberg die ganze Nacht über klingen, so wie der Saarländer auch keinen Appenzeller Käse zum Morgenessen verschmäht, wenn gerade kein saarländischer Laxem oder kein Fenner Harz zur Hand sind; im Gegenteil, sein Ohr und sein Mund sind offen, sein Sinnen und Trachten sind noch nicht festgelegt und dürfen als Richtmaß, als Richtschnur, als Richtscheit für die ganze Menschheit gelten.

So gibt es das schweizerische Heimweh, und es gibt das saarländische Heimweh, von denen sich alle anderen Heimwehe dieses Universums ableiten lassen. Das österreichische Heimweh ist eher mit dem schweizerischen, das deutsche Heimweh eher mit dem saarländischen Heimweh verwandt, wie ja auch die skandinavischen Heimwehe mit allen ihren Sonderquerelen den Stempel des saarländischen, die balkanesischen und mediterranen Heimwehe mit ihren ausgefallenen Formen dagegen rudimentäre Züge des schweizerischen Heimwehs tragen. Ermanarich, Theoderich und Alarich zogen mit ihren Goten durch Italien und über die Halbinsel Krim immer weiter in die Ferne und sagten: „Haims". Aber Jarl und Wasa blieben bei ihren Bären und Rentieren sitzen, schürften nach den Schätzen ihres Bodens wie die Saarländer und sagten: „Hem".

Das schweizerische Heimweh hat eine körperliche Herkunft, die sich über außerkörperliche Beschwerden in ein nichtkörperliches Leiden verwandelt; das saarländische Heimweh hat eine nichtkörperliche Herkunft, die sich über außerkörperliche Beschwerden in ein ganz und gar körperliches Leiden verwandelt. Beide Gebrechen, das schweizerische Heimweh mit seinem konstitutiven und das saarländische Heimweh mit seinem regulativen Urgrund, verzeichnen zwar ein und dasselbe Krankheitsbild, die Beschwerden jedoch zeigen sich in gegenläufiger Abfolge.

Der heimkehrende Patient, gleichviel, ob er ein auswärts dienender Schweizer Soldat, ein in der Fremde lebender Schweizer Jüngling, ein seine Familie entbehrender Schweizer Student, ein in einem Krankenspital weilender Schweizer Pflegling oder ob er einfach ein seiner Heimat entsagenmüssender saarländischer Mensch ist, leidet an Schlaflosigkeit und Herzklopfen, an Appetitlosigkeit und Niedergeschlagenheit, an schleichendem Fieber und fortschreitender Auszehrung, was sich, infolge des gegensätzlichen Verlaufs, beim Schweizer zuerst als das Fieber der Auszehrung und zuletzt als das Herzklopfen der schlaflosen Nächte zeigt, während sich der Saarländer zuerst schlaflos in den fremden Betten wälzt, um dann am Ende fiebernd in den Kissen zu schmachten. Herzklopfen aus lauter Heimkehrschmerz, das ist begreiflich, aber Fieber ohne die geringste Entzündlichkeit, das ist unerklärbar und ohne jeden Sinn.

Ist nicht vielmehr eine Heilkraft nötig, die nicht an Milchsuppe und an Kuhglocken gebunden ist?

Was das schweizerische Heimweh anbelangt, so wird zuverlässig berichtet, dass ein heimwehkranker Berner Jüngling bei seiner Heimkehr schon auf halbem Wege genesen war, dass eine Basler Bäuerin bereits schon bei der Entlassung aus dem Krankenhaus, worin sie wegen eines schweren Leidens eingeliefert worden war, nach total erfolgloser Behandlung sofort genas, dass ein Appenzeller Bedienter durch die bloße Erlaubnis seines Pariser Dienstherrn, nach Hause gehen zu dürfen, völlig gesundete, ohne dass er überhaupt Gebrauch von diesem Anerbieten machen musste.

Das zeigt, allein die Vorstellung, die Kuhglocken wieder läuten zu hören und der Milchsuppe zum Frühstück wieder teilhaftig zu werden, genügt schon, das Übel zu kurieren. Der Schlaf und der Appetit stellen sich wieder ein, die Niedergeschlagenheit verwandelt sich in ein freudiges Hochgefühl, und die abgezehrten Wangen beginnen sich wieder zu röten.

Ganz anders zeigt sich der Verlauf der saarländischen Heimweh-krankheit. Die Überbeanspruchung jener Nervenbahn, die das regulative Heimweh hervorruft, durch dieses einzige, immerzu nagende Gefühl der Saarferne und den damit verbundenen bohrenden Gedanken, diese Saarferne wieder in eine Saarnähe zu verwandeln, strapaziert die saarländische Seele dermaßen heftig, dass sie ihre Erschöpfung und Entkräftung auf den saarländischen Körper überträgt und ihn schließlich auf den Tod gefährdet. Auslösendes Moment, die Saarferne zu empfinden, ist dabei nicht ein physiologischer Vorgang wie dieser akustische des Kuhglockenhörens oder dieser chemische des Milch-suppenessens beim Schweizer Menschen, nein, die Triebfeder des saar-ländischen Heimwehs ist ein psychischer Drang, der darauf beruht, dass es an der Saar etwas gibt, das sonst nirgendwo auf der Welt existiert, und zwar nicht etwas Ohrgängiges wie eine Glocke oder etwas Zungengreifliches wie eine Suppe, sondern etwas völlig Irreales und Irrationales.

Der Saarländer könnte gut und gerne die preisgekrönte Lionerwurst der Firma Kunzler aus Überherrn der Schweizer Milchsuppe an die Seite stellen, und auch die Trompeten der Saarbrücker Stadtkapelle, die sogar die georgischen Menschen aus Tbilissi in eine tiefe Rührung versetzt haben, brauchen den Schweizer Alphörnern nicht aus dem Wege zu gehen, nein, das ist es nicht. Es ist auch nicht eine schon eher unkörperliche Ursache wie der Mangel an dünner und feiner Luft, den der Schweizer leidet, wenn er die dickere und gröbere Luft der Ebenen atmen muss, was der Zürcher Scheuchzer vermutet, nein, es ist ein ganz und gar anderer Beweggrund, der die saarländische Schlaflosig-keit und das saarländische Herzklopfen, die saarländische Appetitlo-sigkeit und die saarländische Niedergeschlagenheit, das saarländische Fieber und die saarländische Auszehrung hervorruft.

Da hilft kein Schwitzen und kein Aderlass, da helfen keine herzstär-kenden Arzneien und keine schlafbefördernden Mixturen, da helfen keine Brech- und keine Laxierpillen, da hilft nur ein einziges Mittel.

Erst wenn dem Patienten dieses besondere saarländische Lebensele-
xier, dieses einzige Heilmittel zugeführt und wiedergeschenkt wird,
erst wenn dieses ganz und gar saarländische Nähegefühl, das aus diesem irrationalen Urgrund entsteht, sich wieder einstellt, dann lässt der
verheerende Einfluss dieses Übels nach, und der Patient kann wieder
genesen.

Diesem eigentümlichen saarländischen Heimweh am nächsten
kommt das, was Johann Georg Zimmermann eine ganz spezifische
Traurigkeit genannt hat, die „Traurigkeit aus der vergeblichen Begierde, seine Leute wiederzusehen". Da braucht niemand erst zu singen:
„Zu Straßburg auf der Schanz!" oder: „Das Alphorn hat mir solches
angetan!" Da braucht kein Kühreigen getanzt zu werden und braucht
auch keine Suppenschüssel auf einem Frühstückstisch zu erscheinen,
nein, dieses Gefühl hat eine völlig andere Herkunft und es hat eine
andere Bewandtnis mit ihm. Und auch das Heilmittel liegt nicht außerhalb und muss erst einverleibt werden wie eine Suppe oder wie
die Melodie einer Sackpfeife. Ein saarländischer Mensch genest nicht
von seinem Heimweh, wenn er bereits die Hälfte der Wegstrecke zwischen der Fremde und dem Saarland zurückgelegt hat, er genest nicht
schon bei der Entlassung aus dem Krankenhaus, und er genest schon
gar nicht, wenn ihm die Heimkehr lediglich in Aussicht gestellt und
angeboten wird. O nein, der Saarländer mit diesem seinem Saargefühl
muss der Saarnähe aufs innigste teilhaftig werden, denn nur an der
Saar selbst gedeiht dieses Elexier seines Lebens.

Als mein Bruder, der ein Maler- und Anstreichermeister ist, seinen
dreiwöchigen Urlaub in Kärnten verbrachte, da sagte er am dritten
Tage „Vater" zu mir, am vierten stieg er auf die Leiter und wollte dem
Hotelier sein Gasthausschild neu anmalen, am fünften bekam er Fieber und am sechsten probierte er aus, ob seine Koffer noch in den
Kofferraum unseres Autos passten; und als er mich ein Jahrzehnt später in Paris besuchte, da saß er eine Stunde früher als verabredet am
abgesprochenen Treffpunkt in einem Café in Les Sonnettes und sagte
bei unserem Eintreffen: „So, nur noch drei Tage, und dann sind wir
wieder daheim." Ihm schmeckten die Kärntner Knödel und die fran-

zösischen Hechtklöße, er lauschte der Feuerwehrkapelle von Treßdorf im Gailtal mit dem gleichen Wohlbehagen wie dem Bandonionspieler von der Pont Marie, nein, es waren keine Entbehrungen der physischen Natur, Gott bewahre. Aber dass er ausprobierte, ob die Koffer noch in den Kofferraum passten, die ja kaum eine Woche zuvor bequem Platz darin gefunden hatten, und dass er eine Stunde zu früh in Paris angekommen war, seine Heimat also früher als notwenig verlassen hatte, das alles kann nur Gründe haben, die tiefer hinabreichen als in physiologische Bezirke.

Er war auch nicht auf Vorteile bedacht, er dachte nicht nach, wie er diesen Heimkehrschmerz am wirkungsvollsten bekämpfen könne. Er dachte nicht, je früher ich wegfahre, um so früher bin ich wieder daheim. Er dachte auch nicht, wenn ich erst einmal sicher bin, dass die Koffer bei der Heimfahrt noch genauso groß sind wie bei der Herfahrt, dann ergeben sich von vorneherein keine Verzögerungen bei der Abfahrt, die darin bestehen könnten, die zu groß gewordenen Koffer zu verkleinern oder sie so geschickt zu platzieren, dass sie alle zusammen den gleichen Platz einnehmen wie bei der Herfahrt. Nein, mein Bruder würde keinen Augenblick zögern, Ballast abzuwerfen, wenn es darum geht, heimzukehren und seine Leute wiederzusehen, und er würde sich nicht scheuen, früher daheim zu sein, auch wenn er später weggefahren sein sollte, selbst wenn er damit einen Vorsatz über den Haufen werfen müsse. Man bedenke, er hatte, nach drei Tagen Abwesenheit von den Eltern, zu mir, seinem Bruder, „Vater" gesagt. Dabei kann es nichts Berechnendes geben, nein, das saarländische Heimweh ist nicht etwas Spekulatives.

Das saarländische Heimweh ist eine Leitidee. Nur wer wie der saarländische Mensch am Heimweh erkrankt, glühend vor Fieber und über alle Maße nichtkörperlich zugleich, der entwickelt auch in sich selbst eine Heilkraft, die das Weh besänftigt und verwandelt. Es ist ein Elexier, das an der Saar gedeiht, nicht in Gärten oder am Wegrand wie ein Gewächs, das man in eine Milchsuppe tut, damit sie das erschlaffte Gemüt stimuliere, oder mit dem man die Glocken einer Kuh bestreicht, damit sie herzergreifender klinge, nein, dieses Gewächs ist eine geheime Kraft, die sich in dem Augenblick entfaltet, in dem man seine Leute wiedersieht, wie sie sich wohlfühlen in ihrer Haut, eine Kraft, die beileibe nicht hartnäckig im Menschen eingeschlossen bleibt, sondern sich entäußert und allen anderen Menschen mitteilt, sonst könnte man von ihr nicht als von eine Leitidee sprechen.

Diese Heilkraft ist die Freude. Die Freude ist das Regulativ am saarländischen Heimweh, sein moralischer Zug, seine Botschaft für die Welt. „Es ist die Freude", das sagt auch Hölderlin in seinem Gedicht „Heimkunft", worin das Wort „Freude" das häufigste Wort ist. Ja, die wahre Freude besteht darin, heimzukehren, und in der Heimkehr selbst liegt die Freude tief beschlossen. Aber das saarländische Heimweh in seiner regulativen Impulsivität lässt es nicht dabei bewenden, dass das Heimkehren Freude macht, ja noch nicht einmal, dass das Heimkehren selbst die Freude ist, nein, aus dem regulativen Affekt des saarländischen Heimwehs springt der dichterische Funke auf alle anderen Menschen über.

Mein Heimatbewusstsein ist eng mit meinem Erinnerungsort verbunden. Das Kohlental, das ich von meinem Fenster aus überblicke, ist einfach in seiner landschaftlichen Erscheinungsform, übersichtlich gegliedert, doch für alle Zeiten unverlierbar festgehalten in der Poesie. Ich sehe aus dem Fenster und schaue auf meinen Erinnerungsort, den ich seit meiner Kindheit viele Hunderte Male aufgesucht habe. Es ist der Brennende Berg zwischen Sulzbach und Dudweiler, den Goethe besucht und in Dichtung und Wahrheit auf poetische Weise zu einem legendären Ort gemacht hat. So lebt die unzerstörbare Wirklichkeit meines Kohlentals in einer Erzählung nach, die über alle Schönfärberei und Verklärung hinausgeht.

Goethe hat einen skurrilen Philosophen erfunden, dessen Lebens- und Denkart unserem Landstrich entspricht, worin der Charme des Armseins sich mit der Anmut des Kleinseins verbindet. Es ist Herr Stauf, der ortsansässige Chemiker, den Goethe bei seiner Ankunft auf dem Brennenden Berg besucht hat. Zwar bewundert er dessen Erfindung kombinierter Koksöfen, rügt aber seine Unfähigkeit, ökonomischen und merkantilischen Nutzen aus ihrer Anwendung zu ziehen.

Armer, kleiner Herr Stauf, nun haben sich die Literaturwissenschaftler seiner bemächtigt, nun darf er nicht mehr der lebensuntüchtige Sulzbacher bleiben, der herumläuft in einem Schuh und einem Pantoffel und heruntergezogenen Strümpfen, die er fortwährend vergebens wieder hochzieht. Nun darf er nicht mehr dem Reiz der Vergeblichkeit allen Seins frönen, Schaum schlagen und die Energie des Brennenden Bergs ungenutzt verpuffen lassen: Er darf kein vorweggenommener Lehrling zu Sais sein, der ja die Natur nicht nutzt, sondern die Natur tanzt und mit Worten die Linien der Bewegungen nachschreibt, wie Novalis ein paar Jahre später erzählt. Nun muss Herr Stauf ein beflissener Techniker sein, der seiner Zeit um ein Jahrhundert vorauseilt und die Wirkkraft der Grenzkohlenwasserstoffe entdeckt.

In ihren Werkanmerkungen haben es die Literaturwissenschaftler nicht bei Goethes Erfindung eines schnurrigen Alchimisten bewenden lassen: Sie haben nachgeforscht, einen Johann Kaspar Staudt im Sulzbacher Kirchenbuch ermittelt und herausgefunden, dass schon drei Jahre vor Goethe ein französischer Chemiker der zusammenhängenden Ofenreihe dieses Herrn Staudt einen Besuch abgestattet und darüber geschrieben hat. Die Züricher Artemis-Ausgabe will Goethes poetischen Entwurf eines Sulzbacher philosophus per ignem, der sich in abstruse Betrachtungen von Kleinigkeiten und Nebensachen verliert, nicht gelten lassen: Herr Stauf muss ein Herr Staudt sein, sein Name aus Dichtung und Wahrheit kommt nicht einmal mehr im Register dieser Goethe-Ausgabe vor – und so verliert sich eine poetische Legende im realistischen Eigensinn eines literaturwissenschaftlichen Anmerkungsapparats. Ich aber als alteingesessener Bewohner dieses Kohlentals, der seine Geschichte weitererzählt, muss Herrn Stauf Gerechtigkeit widerfahren lassen, sein Ansehen wiederherstellen, in seine Strümpfe und Pantoffeln schlüpfen, in seinem Namen meinen Schaum schlagen und meine Öfen in der Begierde schüren.

Ludwig Harig

Heimat,
deine Sterne

I.

Ach,
weißt du weißt du weißt du wie viel Sternlein stehen?
Man kann's nicht oft genug beschwörend wiederholen,
was uns im Hirn,
im Bauch und unter uns'ren Sohlen
nach einer Antwort brennt. Was ist derzeit geschehen?

Wir traten vor das Haus.
Wir standen auf den Zehen
und zählten,
zählten sie,
als sei es uns befohlen.
Wir kamen nur bis zwölf.
Wer hat sie uns gestohlen?
Mit ihnen allen gibt's bis heut kein Wiedersehen.

Zeigt sich die Heimat uns beim großen Sternezählen?
Man sollte sich vielleicht mit neuem Zählen quälen,
damit am Ende man sie schließlich doch erreicht.

Entweder zählen wir,
wenn wir nicht lieber schlafen.
Du über alle Lust gestirnter Heimathafen,
wer segelt in dich ein? Wer besser zählen kann,
vielleicht.

II.

Kein Friede war im Land,
er lag in weiter Ferne.
Die Jungvolkuniform,
sie kleidete uns prächtig.
Wir standen unterm Baum,
ganz friedsam und bedächtig,
und sangen:
Hohe Nacht und Heimat,
deine Sterne.

Wir sangen's laut und oft,
wir sangen es sehr gerne.
Wir waren jung und stolz und waren bildungsträchtig,
wir hielten es für deutsch, für eines Volkslieds mächtig:
Es war nach uns'rem Sinn ein Volkslied der Moderne.

Ganz Deutschland sang das Lied – im Süden,
Osten,
Norden.
Die einen trugen Leid,
die and'ren trugen Orden,
und unterm Weihnachtsbaum versteckte sich der Tod.

Das Heimatlied erklang in lieblichen Akkorden.
Nur leider Gottes ist kein Volkslied draus geworden:
Wir hörten es im Film,
in Quax,
der Bruchpilot.

III.

Was war die Heimat einst? Ein Ort von Schuld und Sühne.
Zu Ende ist die Zeit.
Die Welt ist globalistisch.
Der sanfte Heimatkult gebärdet sich touristisch,
steht unter Denkmalschutz,
ein Tummelplatz für Grüne.

Am Himmel glänzt der Mars und weist hinaus ins Kühne.
Er bläht die Backen auf,
erbost,
militaristisch,
ergreift den Ball des Monds und schleudert ihn artistisch mal links,
mal rechts hinaus auf seiner Himmelsbühne.

Kein Weihnachtsglöckchen mehr mit bebendem Gebimmel,
kein tiefer Herzenslaut,
kein warmer Seelenfimmel,
kein heißer Heimatschwur im trauten Tête-à-tête.

Der rötliche Planet am deutschen Heimathimmel
Erscheint robuster als das milde Sterngewimmel
Aus uns'rer Kinderzeit,
nach der kein Hahn mehr kräht.

Reinhard Klimmt

Heimat und Erinnerung

Es ist kein Zufall, dass in den letzten Jahren immer öfter von der Heimat die Rede war, von Erinnerungsorten und Erinnerungskultur. Diese Begriffe erfahren im öffentlichen Diskurs eine neue Deutung und sind bis in die Programmatik der politischen Parteien vorgedrungen. Sie verbinden den Wunsch nach Geborgenheit in einer immer unübersichtlicher erscheinenden Welt mit der Identitätssuche von Individuen und Gemeinschaften. Erinnerungsorte, lieux de mémoire, verkörpern Heimat und Identitäten, beschwören Vergangenheiten, sowohl im guten als auch im bösen Sinne.

Nach dem Zusammenbruch der kommunistischen Systeme und dem Ende der dualen Welt sucht die Menschheit nach einer neuen, gerechteren und verlässlicheren Ordnung. Die modernen Verkehrs- und Kommunikationstechniken rücken die Kontinente immer enger zusammen und das Phänomen, das wir Globalisierung zu nennen uns angewöhnt haben, wird zum unabwendbaren Schicksal, auch wenn wir uns noch so sehr dagegen sträuben. Der politische Globus ordnet sich neu, größere Einheiten bilden sich. Die Nationalstaaten verlieren an Bedeutung – vielleicht ist dies paradoxerweise ein Grund dafür, dass so viele neue entstehen. Viele Probleme verlangen nach überstaatlichen Lösungen, so wie es die EU im kleineren Rahmen praktiziert. Je größer aber die politischen Räume werden, umso stärker wächst die Rückbesinnung auf die Nähe, auf die kleinen und vertrauten Einheiten. Die Tatsache einer fast ausufernden individuellen Freiheit, verbunden mit der Möglichkeit, sich die gesamte Welt zum eigenen Erlebnis- und Lebensraum zu machen, verstärkt den Wunsch nach Bindung und Überschaubarkeit. Und so ist die wachsende Weitläufigkeit – Weltläufigkeit im Wortsinne – gleichzeitig mit dem Wiedererstarken des kommunalen und regionalen Denkens verbunden.

Im Gegensatz zu den Zeiten, in denen Heimat als ideologisch-programmatischer Kampfbegriff und als Konzept gegen die Entwurzelung der von der Industrialisierung in die Städte gesogenen Menschen gedient hatte, stellt sich die Frage heute – schließlich lebt mehr als die Hälfte der Menschheit in Städten – anders als vor hundert Jahren. Und deshalb gibt es, muss es unterschiedliche Antworten auf die Frage: Was ist Heimat? geben. Die einfachste – und gar nicht so verkehrte – ist diese: Heimat ist dort, wo es mir gut geht, dort, wo ich mich wohl fühle. Ubi bene ibi patria. Das ist die pragmatische Variante. Heimat verbinden viele Menschen mit ihrer Kindheit, mit der Jugendzeit. Heimat ist für sie dort, wo die ersten Prägungen erfolgen, die ersten Erfahrungen gemacht werden. Heißt das aber, dass jemand, der mit seinen Eltern in eine andere Region zieht, den Schule, Studium und Beruf zum Ortswechsel zwingen, damit heimatlos wird? Fürs Erste ja, aber nach einer gewissen Zeit neuer Prägungen und Bindungen schlägt er wieder Wurzeln, findet und erfährt eine neue Heimat.

So ist es auch mir ergangen. Ich bin im Krieg in Berlin geboren, in Tegel, habe, ohne mich noch erinnern zu können, auf der Freien Scholle gelebt, nach kurzer Zeit ausgebombt, nach Rügen evakuiert, mit Bruder und Mutter ins Emsland geflohen und dann in ein Dorf bei Osnabrück verpflanzt. Dort bin ich aufgewachsen und dort war bis zum Abitur meine Heimat. Berlin, meine Geburtsstadt, ist aber auch ein Teil von mir. Die Erzählungen meiner Eltern, ihre Sprachmelodie, ihr Humor, ihre Bücher und die Möbel aus Birke, die ich geerbt habe, sind auf eigene Art ebenfalls Heimat.

Es war für mich eine regelrechte, wenn auch unvermutete Befreiung, ins Saarland zu kommen. Die Landschaft war zwar begrenzter als in Norddeutschland, mein neuer Erfahrungshorizont aber weiter, die Gefühle noch nicht besetzt – weder im Guten, noch im Bösen. Von Jahr zu Jahr wuchsen die Bindungen, ich wurde heimisch. Neben den Menschen sind es Wohnungen, Häuser, Orte, Stätten, Straßen und Wege, die meinem Leben Rahmen und Kontur gegeben haben. Wenn man diese Örtlichkeiten grafisch einfangen, Zeitdauer und Häufigkeit der Bewegungen veranschaulichen wollte, entstünde – wie in Bildern von Arnulf Rainer – eine vom Leben vorgenommene Übermalung der Landkarte des Saarlandes und Saarbrückens. Meine jeweiligen Wohnungen wären unterschiedlich große Flecken, die Universität, der Landtag von großem Durchmesser. Die Staatskanzlei, das Schloss, das Saarbrücker Rathaus, der Ludwigspark, die Buchhandlungen, das Theater, Museen, Turnhallen, Sportplätze, Gasthäuser, Veranstaltungshallen, Fabrikhallen, alles nicht zu übersehende Tupfer. Das Land wäre zudem von einem dicht gewobenen – mal mit dickem Pinsel, dann mit Filzstift bis hin zu blassen, spitzen Bleistiftstrichen gezeichneten – Netz überlagert, falls jemand auf die Idee käme, ein Itinerar Klimmt anfertigen zu lassen. Wenn ich bei jeder Bewegung in Saarbrücken einen Strich hinterlassen hätte, ergäbe das dicke Balken, mittlere und auch dünne Linien. In manchen Vierteln bin ich nie gewesen, in anderen umso häufiger. So erkennt man, dass das Leben aus lauter Trampelpfaden besteht. Landschaften, Hügel, Wälder, Fluss und Bäche, Straßenzüge und Gebäude sind meine ganz persönlichen Erinnerungsorte, wobei ich nicht danach frage, ob sie allgemein als bedeutend angesehen werden oder auch nicht. Es ist meine eigene Vergangenheit, es sind meine Erinnerungen, unabhängig von denen anderer Menschen und unabhängig von dem, was früher an diesen Orten geschah.

Ja, ich glaube, Heimat ist an Erinnerungen gebunden, an alle Erinnerungen, nicht nur die der Kindheit, obwohl diese meistens dauerhafter und intensiver sind als jene, die später das Leben ausmachen. Derartige Erinnerungen sind wohl immer präsent, aber zumeist im Inneren verschlossen und bewegen nur dann die Phantasie, wenn man sich im richtigen Moment an den richtigen Stellen aufhält. Es sind allerdings immer nur Bruchstücke, es ist nie das Ganze und damit auch immer nur eine relativierte Wahrheit. Wenn ich in Saarbrücken die Bahnhofstraße entlang gehe, mag es sein, dass ich von meinen Geschäften und Vorhaben so sehr in Anspruch genommen bin, dass ich kaum registriere, wer mir auf der Straße begegnet, ganz und gar nicht bemerke, dass Läden ihre Auslagen marktschreierisch neu dekoriert haben. Ich haste an der Bergwerksdirektion vorbei, ohne einen Blick auf sie zu werfen, geschweige denn, ihr erbärmliches Schicksal zu bedenken. In ruhigen Momenten spüre ich die Veränderungen geradezu körperlich, erinnere mich an Einkäufe, an Streit mit Freunden oder Freundinnen, an Wahlkampfstände, an Flugblätter, an Regentage, an Sonnenhitze, an den Brezelverkäufer, an Parkplatzsuche vor den Zeiten der Fußgängerzone, an Demonstrationszüge, an Sprechchöre, Spruchbänder, an Polizeieinsätze während der Rote Punkt Aktion 1969, an glückliche Momente, an Depressionen und Ängste. Ich denke an die „Gießkanne", den Jazzkeller in der Nebenstraße, an Enrique Olivares' La Guitarra und stelle mir vor, wie in „Baldes Saal", jetzt „Braustübl", die erste Versammlung von Sozialdemokraten in Saarbrücken stattgefunden hat. Am Ende der Rue liegt das Bürogebäude, in welchem die SPD Mitte der Sechziger ihr Büro eingerichtet hatte, wo ich, den Tränen nah, gegen die Große Koalition protestierte und niemand betroffen schien, als ich die vor Kurzem erst zu meiner politischen Heimat erkorene Partei wieder verlassen wollte. Es gibt aber auch Momente mit ganz anderen Bildern derselben Straße, ich sehe sie mit Hakenkreuzen beflaggt, sehe den Zug der Juden, die am 9. November 1938 durch die Stadt getrieben wurden und stelle mir das Straßenschild Adolf Hitler-Straße vor. Und ich sehe sie in Trümmern und die dann folgenden Phasen des Wiederaufbaus. Meine persönlichen Erinnerungen und das soeben real Betrachtete vermischen sich mit dem, was aus dem kollektiven Gedächtnis, aus der Erinnerung der Gesellschaft in meinem Bewusstsein präsent ist.

Ebenso intensive Empfindungen verbinde ich mit der Hohenzollernstraße. Hier hatte ich 1962 mein erstes Zimmer, ohne Bad, mit Waschschüssel. Damals fuhr noch die Straßenbahn, aber nur bis zum Neumarkt, weil die Saaruferstraße gebaut wurde. Um Geld zu sparen, bin ich meist zu Fuß gegangen, vorbei am Gebäude der Stadtwerke, gegenüber, dort, wo jetzt die Vorstände residieren, noch das Verwaltungsgebäude eines Stahlbauunternehmens, vorbei am Haus der Arbeiterwohlfahrt, von Otto Zollinger im Bauhausstil geschaffen, mit einem Fresko von Käthe Kollwitz geschmückt, in den folgenden Jahren

Geschäftsstelle der SPD. Dort formierte und konzentrierte sich unter der Führung Max Brauns der Widerstand gegen Nazideutschland und dort zerstreute er sich – Georg Glaser beschreibt es detailgenau – in alle Winde, nachdem die Abstimmungsniederlage bekannt wurde. Linkerhand der Park und das von Pingusson errichtete Gebäude des Kultusministeriums. Werner Scherer residierte dort und schickte mich mit anderen Studierenden aufs Land, um für den Besuch weiterführender Schulen zu werben. Dann die Filmbühne (Horror und Western), das chinesische Restaurant und am Endpunkt die Brücke über den Fluss.

Wenn ich mich in die andere Richtung bewegte, vorbei an der Einmündung der Kamekestraße, in der ich vier Jahre in einem Gartenhaus wohnte, lag als Eckhaus auf der rechten Seite der „Karpfen", wo im Nebenzimmer um zwei Ganze Skat gespielt wurde und ein Flipper stand, den ich so vollkommen beherrschte, dass wir den ganzen Abend ohne Geldeinwurf spielten. Dort vorbei führte auch der Weg über die Malstatter Brücke zur Camera, dem Programmkino in der Ludwigstraße. Mit den Filmen von Louis Malle und Alain Resnais, mit denen der Nouvelle Vague und der Série Noire vertiefte sich unsere Liebe zur französischen Kultur, die uns durch Poesie und Literatur bereits erfasst hatte. Etwas weiter die Turnhalle, in der die Malstatter SPD ihr Domizil aufschlug und in der ich zeitweilig Fußball spielte. Ich könnte diese Gedächtnisvisitation noch seitenlang fortsetzen, von „Addis Hinkelsnest" erzählen, von den Frühkneipen, in denen Früh- und Nachtschicht der Burbacherhütte sich wechselseitig ablösten, vom Heckelbesetzer Jürgen Troubal, der die Platte anfertigte, auf der mein Kaminofen steht, von den Demonstrationszügen der Stahlarbeiter.... Nur wenige Straßen und eine nicht zu bändigende Fülle von Erinnerungen, Eindrücken und Ereignissen.

Was mich als Person ausmacht, ist durch Elternhaus und Jugend angelegt worden. Aber die mittlerweile 45 Jahre, die ich in Saarbrücken gelebt habe, sind die Jahre des selbständigen, auf sich selber angewiesenen Mannes. Es sind die Jahre der Arbeit und des Handelns, aber auch des Nichtstuns und der Kontemplation, Freundschaft, Liebe, Trennung und Verlust, Trauer und Freude, Erfolg und Niederlage. Jeder Quadratmeter, den ich betreten habe, jedes Haus, jeder Baum, jeder Strauch, jede Wolkenformation, Schnee, Grün, all das ist Teil von mir. Es hält mich fest und – wichtiger noch – es zwingt mir auch Verantwortung ab. All die anderen Städte, in denen ich mich aufgehalten habe, gehören auch zu meinem Leben, aber sie zwingen mir keine Verantwortung ab, sie sind nicht viel mehr als Kulisse. Und es ist nicht nur Saarbrücken, es ist das ganze Saarland, das mir Heimat geworden ist. Diese Heimat addiert sich aus unzähligen persönlichen Erinnerungsorten und Erinnerungen, Erinnerungen, die immer wieder durch neue überschrieben werden, zuweilen überschrieben werden müssen, um weiterleben zu können. Aber sie verschwinden nicht ganz, sondern sind weiter vorhanden, so wie gelöschte Dateien auf der Festplatte eines Computers. Wer den Schlüssel hat, kann alles rekonstruieren.

Dass wir uns darüber nicht hinwegtäuschen: Erinnerungsorte sind stark von unserem eigenen Denken und unseren Wünschen bestimmt, von den Bedürfnissen der Gegenwart. Deshalb ist der Streit um die zwei Vergangenheiten der beiden Deutschland letztlich ein Streit um eine Binsenwahrheit. Wir haben als Folge unterschiedlicher Biographien auch unterschiedliche Sichtweisen von Zeit und Raum. Jede Gesellschaft sucht nach eigenen Anknüpfungspunkten in der Vergangenheit, nach Vorbildern, die auf den das Leben bestimmenden Gebieten erinnerungswürdige und vorbildliche Leistungen vollbracht haben. Wohl alle Gruppen in der Gesellschaft kämpfen für das Andenken der sie repräsentierenden und symbolisierenden Persönlichkeiten und Ereignisse, versuchen Straßen nach ihnen zu benennen, propagieren Gedenktage, taufen Stiftungen, Häuser, Flughäfen, Schulen, Stadien und versuchen Wettbewerber aus diesen öffentlichen Listen zu streichen. So wurde auch in unserem Lande immer wieder heftig um Straßennamen gestritten und jeder Systemwechsel hatte umfangreiche Umbenennungen zur Folge.

Heute suchen wir nach Anknüpfungen für eine freiheitliche, demokratische und solidarische Gesellschaft und daraus entstehen

Positiv- und Negativlisten. Jede Heimat hat ihre Licht- und Schatten-seiten – wie der Charakter der Menschen auch. Erinnerungsorte sind Denkmäler und Mahnmale zugleich. Die Industriedenkmäler stehen für Arbeit und Fortschritt, aber auch für Ausbeutung, Entmündigung und Unterdrückung. Die Bergwerksdirektion – als Bauwerk von gro-ßer Schönheit – symbolisiert die Herrschaft des königlich-preußischen Bergfiskus, der Rechtsschutzsaal hingegen die Kraft der Gewerkschafts-bewegung. Festungen, Bunker, Grenzstationen, Schlachtenbilder und nationalistische Literatur versinnbildlichen die ständigen Bemühun-gen zweier verfeindeter Nachbarn, Hegemonie über den anderen zu erlangen. Die Ausgrabungen in Bliesbruck und Reinheim hingegen belegen ein friedliches städtisches Leben genau dort, wo heute noch die Grenze verläuft, und die umgewandelten Grenzstationen sind zu Elementen der Verbindung geworden. Gustav Regler und Stephan Andres in der Literatur, Max Braun und Robert Schuman in der Poli-tik stehen für den Willen zur Aussöhnung und für ein geeintes Europa. Die Melodie des Steigerlieds changiert, je nach Text und Gelegenheit. Mit dem Text „Deutsch ist die Saar..." kann sie dem Nationalismus Stimme geben, aber auch einem durchaus akzeptablen Nationalge-fühl. Mit dem anderen, mir um Längen lieberen Text „Glück auf..." würdigt sie die harte Arbeit der Bergleute und stärkt deren Selbstbe-wusstsein, allerdings mit einem kleinen – verzeihlichen – Schuss Stan-desdünkel gewürzt.

Wenden wir uns dem Saarbrücker Schloss zu. Der Historiker er-kennt zuerst den für Jahrhunderte als Zentrum der Macht anzusehen-den Mittelpunkt von Stadt und Region, das Symbol für die Zeit des Feudalismus, erkennt in ihm den steinernen Beleg für zeitweise An-näherung und Abhängigkeit von Frankreich, beschreibt es als Monu-ment für das Selbstbewusstsein sowohl verantwortungsloser als auch verantwortungsbewusster Regenten. Ein Monarchist wird im Saar-brücker Schloss ein Symbol für vergangene bessere Zeiten sehen, ein Traditionalist in der aus Alt und Neu gebildeten äußeren Erscheinung eine Bausünde erkennen. Es steht aber auch für konservatives Bürger-tum und für demokratische Ideale. Die Familie Stumm residierte hier, später die preußischen Landräte und jetzt ist es der Platz des Stadtverbandes („Die Fürsten sind wir") und Ort kultureller Begegnungen. Seine heutige Gestalt ist ein Ergebnis der Zerstörung des Vorläuferbaus während der Besatzung durch das revolutionäre Frankreich und der letztlich doch zweitrangigen späteren Erneuerungsbemühungen, die mit der Schöpfung Gottfried Böhms endlich einen großartigen und dauerhaften architektonischen Schlusspunkt erfahren haben. Und wer die ganze Wahrheit nicht scheut, wird das Schloss auch als Sitz der Gestapo wahrnehmen und der Zelle mit den Graffitis der Gepeinigten mindestens das gleiche Gewicht zubilligen wie den Zeugnissen höfischer Kultur und dem Roten Turm aus dem 13.Jahrhundert.

Schloss und Schlossplatz sind für Saarbrücken und die Region Kristallisationspunkte kollektiver Erinnerung mit vielen Facetten und unterschiedlichen – positiven und negativen – Assoziationen, die sowohl Abgrenzung als auch Gemeinsamkeiten konstituieren und diesem Ort über Generationen hinweg eine symbolische Dimension verliehen haben. Das hat auch etwas mit tief verwurzelten Denkmustern zu tun. Schlösser, Burgen und Kirchen sind in der kollektiven Erinnerung verankert. In Märchen spielen Schlösser und Burgen eine wichtige Rolle, Geschichte wurde über Jahrhunderte hinweg in Burgen, Schlössern, Kirchen und Klöstern im doppelten Sinne geschrieben. Es sind in der Regel markante Bauwerke, aber immer auch von der Gefahr bedroht, mit ihrer Vergangenheit und eigentlichen Bedeutung im Bewusstsein der Menschen zu versinken oder zu verflachen, was ihnen am Ende nur noch die Rolle einer imposanten Kulisse zuweist.

Für die Zeit nach der Französischen Revolution wurden andere Kräfte und damit andere Schauplätze wichtiger. Zwar trat an die Stelle der saarländischen Duodezfürsten der preußische König, aber er war fern und andere Kräfte bestimmten – wenn auch in seinem Namen – die Geschicke des Landes. Bergwerksdirektion und Rathaus in Saarbrücken symbolisieren den Aufstieg der Wirtschaft und vor allem der Industrie, das Rathaus zudem den wachsenden Anspruch des Bürgertums auf Teilhabe an der Macht. Stumm baute sich auf dem Halberg ein Schloss, Röchling richtete sich auf dem Triller hoch über Saarbrücken ein, aber die eigentlichen Erinnerungsorte des Eisenzeitalters an der Saar sind die Hüttenwerke in Brebach, Burbach, Neunkirchen, Dillingen und Völklingen sowie die Halden und Fördertürme des Bergbaus, die Hochofengruppe in Völklingen, die Twinpeaks Hermann und Dorothea oder auch Hostenbacher Alpen, wie die Abraumhalden genannt werden, die das Saartal weithin sichtbar überragen. Als Letztes soll von den Spicherer Höhen die Rede sein. Sie sind ein Erinnerungsort, ein lieu de mémoire besonderer Qualität. Überall in deutschen Städten gibt es Spichernstraßen, in Berlin sogar als U-Bahnstation geadelt. Allerdings weiß kaum noch jemand, warum diese Straßen so heißen, wer fragt, erntet nur Schulterzucken und Kopfschütteln. Diese Tatsache steht einerseits für den stets drohenden Bedeutungs- und Sinnverlust symbolischer Handlungen, andererseits für (begrüßenswerte) Veränderungen im kollektiven Bewusstsein, denn mit der Spichernstraße sollte der Erstürmung des Roten Berges, der Eroberung der Spicherer Höhen, ebenfalls als Schlacht bei Spichern oder Schlacht bei Saarbrücken bezeichnet, gedacht werden. Auf diese Weise ist Spichern ein Erinnerungsort für deutsche, besser preußische Glorie, definiert durch militärischen Erfolg, für den Sieg der preußischen Truppen am 6. August 1870, ungeachtet der vielen Tausend Toten und Verwundeten. Für unsere französischen Nachbarn ist es ein lieu de mémoire an eine Niederlage, aber auch an einen vergeblichen, tapferen Kampf zur Verteidigung der heiligen Heimaterde, lange Zeit Stachel im Fleisch, Antrieb für das Sinnen auf Revanche. In den Reiseführern aus der Zeit des deutschen Kaiserreichs ist das Schlachtfeld von damals die herausragende touristische Attraktion Saarbrückens. Heute ist es zu einem Ort der Begegnung, zu einem Pfand für die Aussöhnung und die daraus entstandene Freundschaft geworden. Mir bedeutet dieser Platz viel, wegen der historischen Aura, aber mehr doch wegen der schönen Lage, des weiten Blicks und der vielen Begegnungen, denen dieser Ort bereitwilliger Gastgeber und Rahmen war. Hier haben wir politische Pläne geschmiedet, Siege gefeiert, Niederlagen verwunden, weite Spaziergänge unternommen. Herbert Wehner erzählte vom Abstimmungskampf 1934, Richard Kirn von der Emigration. Bei der letzten Sonnenfinsternis versuchten wir binational mit unseren Blicken die Wolkendecke zu durchdringen, und so manche gut gemeinte Entscheidung für den 1.FC Saarbrücken wurde hier vorbereitet. Unterhalb der Höhen liegen der fast nutzlos gewordene Grenzübergang und das Gelände des Gestapolagers Neue Bremm. Eine von vielen Gruppen getragene Initiative hat verhindert, dass dieser Ort des Schreckens, der zu verwildern drohte, aus dem Bewusstsein der Menschen verschwunden ist. Auf einem Teilstück des Lagers befindet sich jetzt das Novotel, in dem die Mannschaften des AH-Turniers des 1. FCS – und ich mit ihnen – Jahr für Jahr die dritte Halbzeit feiern. An dieser Stelle mischen sich unvermeidlich Persönliches und Historisches, Gegenwart, Vergangenheit und Zukunft, Deutsches und Französisches, schöne und bedrückende Bilder, Ängste und Hoffnungen; Heimat eben und Teil von mir, Teil meiner Identität.

Jeder Mensch hat wohl – wie ich – den angeborenen Wunsch, irgendwo hinzugehören, eine Heimat zu haben. Aber wo liegt sie, woran erkennt man sie? Wenn wir es organisch betrachten, so überzeugt mich das Bild der Zwiebel, die um ihr Innerstes herum viele Schichten, viele Schalen hat bis hin zur Außenhaut. Wir leben im Unter- oder Oberdorf, in Straßenzügen, Vierteln und Stadtteilen und sind den Anderen Rivalen, obwohl Bewohner ein und desselben Ortes oder ein und derselben Stadt. Wir wetteifern mit unseren Nachbarorten und sind doch Bestandteile einer Region: Die Homburger und Saarbrücker, die Waderner und die Merziger, die Spiesener und die Elversberger, die St. Wendeler und die Saarlouiser sind organische Teile des einen Ganzen, des Saarlandes. Wir streiten und kabbeln uns mit den Pfälzern, mit den Lothringern und die mit uns. Und doch sind wir alle Linksrheinische, SaarLorLux-Bewohner, sind längst über die Grenzen hinweg vielfach miteinander verbunden und doch auch wieder Deutsche, Franzosen und Luxemburger. Das bringt uns dann wieder in Europa zusammen, und wir sind, wenn wir nicht zu egoistisch auf unsere eigenen prosperierenden Breiten fixiert bleiben, Teil der einen Welt.

Aus diesem Blickwinkel haben wir mehrere Heimaten und Identitäten. Wahrnehmungen und Wertungen changieren, je nachdem, wo wir uns befinden und was uns zum jeweiligen Zeitpunkt wichtig ist. Spichern löst in mir keine nationalen Gefühle aus, bei anderen will ich sie nicht ausschließen – auf beiden Seiten der Grenze. An erster Stelle ist es ein Mahnmal für die Absurdität der europäischen Bürgerkriege, für den vergeblichen – letztlich selbstzerstörerischen – Versuch, über den Nachbarn Hegemonie zu erlangen, für die abgeknickten Lebensbäume der Soldaten beider Seiten, die hier ihr Leben ließen oder verstümmelt wurden, und damit ein symbolischer Ort für die Versöhnung der beiden Völker. Außerdem ist es ein lebendiger Treffpunkt der Region. Hier sind die Gegner von einst – was die Jüngeren kaum noch wissen – bei harmlosen und friedlichen Vergnügungen vereint. Für mich drückt dieser Platz, vor allem das Gasthaus Woll, die Gemeinsamkeiten der Vergangenheit und die der Zukunft aus und ist mir mehr Heimat als viele Orte diesseits der Grenze.

Wer das Saarland etwas näher kennt, weiß um die Rivalitäten zwischen ehemaligen Bayern und Preußen, zwischen Katholiken und Protestanten. Mögen sich die Fußballanhänger wechselseitig spinnefeind sein, aber auf anderer Ebene trifft man sich wieder. Homburg ist zusammen mit Zweibrücken Hauptort der Freiheitskämpfer des Vormärz. Siebenpfeiffer und Wirth haben hier gewirkt. Neunkirchen und Völklingen waren Motoren der Montanindustrie. Meine persönlichen Erinnerungen und Bindungen an Menschen und Ereignisse in diesen Städten sind so intensiv, dass auch sie für mich Heimat sind.

Das Saarland selber ist Heimat und Erinnerungsort für verschiedenste politische, religiöse und weltanschauliche Konzepte. Es ist Einheit im Bundesstaat, es ist ein deutsches Land, es ist das französischste der deutschen Bundesländer, es ist Brücke zwischen den beiden Völkern, es hat europäische und frankophile Traditionen und Phasen und beide repräsentierende Persönlichkeiten und Einrichtungen. Mit der Ludwigskirche ist der südwestdeutsche Protestantismus dokumentiert, mit Tholey, Marpingen und St. Wendel der Katholizismus, die weltanschaulich am stärksten prägende Kraft in der Region. Die jüdischen

Friedhöfe in vielen Orten zeugen von der langen und weiterhin lebendigen hiesigen Tradition des Judentums. Das Land fand Gestalt
und Charakter mit der Montanindustrie, hat eine eigene Kultur – die
gleichwohl eine preußische ist – im Bergbau. Mit dem König von
Saarabien, Carl Ferdinand von Stumm und Hermann Röchling do-
minierten zwei bedeutende Unternehmer – allerdings unnachsichtige
Gegner der Arbeiterbewegung, die eine paternalistische, fast verschro-
bene Variante sozialer Verantwortung gegenüber ihren Beschäftigten
praktizierten – die Stahlindustrie. Der Alte Verband, später die IGBE
und die IG Metall haben die Gewerkschaftsgeschichte in die Straßen
ihrer Demonstrationszüge und in die Plätze ihrer Kundgebungen geschrieben. Auch diese Visitation des Landes ließe sich beliebig fort-
führen, zurück bis in die Zeiten von Kelten und Römern und nach
vorne schauend, zu den aufkeimenden Plätzen, zu den Labors und
Instituten, in denen sich die Zukunft Bahn bricht. Das Kommen und
Gehen wird eine Konstante im Leben des Landes bleiben, das bereit-
willig jedem eine Heimat sein will und uns erlaubt, unser ganz eigenes
Leben zu führen.

Benno Rech

Heimat

Im Dorf leben

Heimat, davon redet manch einer abschätzig. Bei uns aber gibt es einen blühenden Verein für Heimatgeschichte. Ich schätze das hoch ein, wenn Leute einer Region sich zu einem Verein zusammenschließen, um deren Geschichte mit Sorgfalt zu erforschen. Unser Verein für Heimatgeschichte hat zudem das große Glück, in dem jungen Gelehrten, Johannes Naumann, einen engagierten, außerordentlich kundigen Vorsitzenden zu haben. Nur detaillierte Kenntnisse über die Lebensverhältnisse unserer Vorfahren können das Heimatgefühl aus Dumpfheit in die Klarheit führen. Erst im Vergleich mit früheren Zeiten nehmen wir die Eigenart unserer heutigen Lebensbedingungen wahr.

Uns allen wird das Schicksal der Vorfahren wichtig sein, denn ihr Erbgut lebt ja in uns weiter, ihr Lebensgefühl bestimmt unseres mit, aus ihrer Mühe ist unser Lebensmilieu mit den Häusern, dem Gesicht der Landschaft, der eigentümlichen Art des Zusammenlebens im Theeltal hervorgegangen. In der generalisierenden, der sogenannten großen Geschichte bedingt der Abstand, die räumliche Ferne eine selbstverständliche gefühlsmäßige Distanz zu den mitgeteilten Ereignissen. Berlin, Paris, Herrscherhäuser und Staatsregierungen gehen uns weniger direkt an. Handelt es sich aber um unseren hiesigen Lebensraum, sind wir wohl alle bei der Lektüre von Quellen oft bewegt, gar mitgenommen, denn es werden Nöte und Ängste, Erfolg und Glück unserer Ahnen, deren Anlagen in uns stecken, verhandelt. Eine Darstellung z.B. der Kriege zur Zeit der Französischen Revolution, wie sie Johannes Schmitt aus Hüttersdorf für Tholey, Lebach und Schmelz vorgelegt hat, erregt dann heute noch unsere Vorstellung. Danach durchstreift man mit Erinnerungen das Dorf, hat beispielsweise Einquartierungen und Plünderungen vor Augen, sieht den armen Bauern, wie er seine Felder zur Zeit der Aussaat liegen lassen muss, um die Gespanndienste für die Besatzungsmacht zu leisten. Die Militärs fackeln nicht lange, wird ihren Forderungen nach Geld, Lebensmitteln, Dienstleistungen nicht augenblicklich Folge geleistet. Und es bedrückt uns ihre Armut, die sogar das Stroh so knapp werden ließ, dass es vor dem Winter 1793/4 nicht einmal mehr zum Ausbessern der Dächer vorhanden war.

Wenn wir wissen, wie Generationen vor uns gelebt haben, können wir unsere Lebenssituation besser einschätzen, fällt es uns in mancher Hinsicht leichter, etwa mit den derzeitigen Verhältnissen zufrieden zu sein.

Was mich besonders interessieren würde, wäre die Geschichte des gelebten Glaubens in unserer Heimat, denn die Kirchengemeinde stiftete lange den tragenden Hintergrund der Dorfgemeinschaft, ja der Heimat. Johannes Naumann hat mit der Erforschung der Quellen zum Leben der wohl bedeutendsten Persönlichkeit, die in den gekannten Zeiträumen in unserer Gemeinde gewirkt hat, des Pfarrers Demmerath, bereits wichtige Einblicke in das religiöse Lebensverständnis vom Ende des 18. und Beginn des 19. Jahrhunderts erschlossen. Wir Menschen sind immer aufs Begreifen unserer Lebenssituation angewiesen. Kriegerische Unglückszeiten, die für die bis weit ins vorige Jahrhundert hinein meist leseungewohnten Leute dunkel bleiben mussten, verlangten, damit sie besser ertragen werden konnten, nach Deutungen. Das Deutungsmodell dieser über längere Zeiträume um die bloße Existenz kämpfenden, frommen Menschen war überwiegend religiös bestimmt. Sie sahen nach unserem Verständnis zu ausschließlich den Willen Gottes im Spiel: in schlechten Zeiten seine strafende Gerechtigkeit, in guten Zeiten seine väterliche Fürsorge.

Auch wir sind auf Deutungen angewiesen. Sind unsere aufgeklärten Verstehensmuster zureichend? Wahrscheinlich in diesen insgesamt günstigen Verhältnissen. Wie aber stünde es darum, sollten uns wirklich wieder schlimme Ereignisse treffen? Was taugen sie dann? Mir scheint, wir leben heute ziemlich unbesorgt in den Tag hinein, begünstigt durch Wohlstand und den langen Frieden. Was vermögen unsere soziologischen, psychologischen oder rein politischen Erklärungsmuster an Halt zu geben, wenn wir von Schicksalsschlägen getroffen werden? Allerdings hatten die von der Kirchenmoral bestimmten Auffassungen von früher die Lebensfreude eines manchen ruiniert. Wie schwer belastete diese -wie wir es heute sehen- enge Moral etwa Frauen, die außerehelich Mutter geworden waren? Sie hat ihnen das Odium der Schande aufgeladen. Mischehen, also konfessionsverschiedene Ehen, waren verfemt. Ganze Familien wurden beargwohnt, weil der Vater nicht zur Sonntagsmesse ging, der Sohn alkoholkrank war, die Tochter in einem schiefen Verhältnis steckte oder ein Familienmitglied Vorbehalte gegenüber dem Pastor geäußert hatte. So wurden Mitbürger ausgegrenzt, das Dorf konnte für sie nicht mehr Heimat sein, sie wurden gegen jedes christliche Ethos in der Heimat in die Heimatlosigkeit gestoßen.

Im Unterschied zur Stadt kennt man auch heute noch im Dorf nicht nur die einzelne Person, man weiß um die Familienzugehörigkeit. Eine Chance für den, der aus einer sogenannten „guten" Familie kommt, eine schwere Last, wenn Voreingenommenheit gegen die Familie jede Chance verbaut, als unbelastetes Individuum behandelt zu werden. Ein solches Vorurteil aufgrund der Familienzugehörigkeit bedingt oft ein Lebensschicksal, denn wer dazugehört, erfährt Geborgenheit, wer an den Rand der Dorfgemeinschaft gedrängt wird, hat es schwer. Meines Erachtens leben wir derzeit etwas vorurteilsfreier, unbehelligter, eigenständiger. Aber wenn jemand aus der Kirche austritt, verfällt er auch heute noch bei manchen einer Ächtung.

Oft tragen wir auch selber zu unserer Heimatlosigkeit bei, wenn wir etwa nach Saarbrücken, Neunkirchen oder Saarlouis zur Arbeit fahren und am Abend, sobald wir daheim sind, uns sogleich vor den Fernseher setzen, statt mit dem Nachbarn über den Gartenzaun zu „sproochen", uns mit ihm gesellig zu treffen. Wer so handelt, grenzt sich aus dem Gemeindeleben aus, bringt sich selber in die Isolation.

Salopp gesagt, der Schwenker ist als Vertrautheit stiftendes Gerät kaum zu überschätzen.

Heimat erfahren, das heißt nicht allein, ein gutes Verhältnis mit den Menschen des Dorfes zu pflegen. In meiner Jugend hatte man eine Beziehung zur Flur, zu den Feldern, auf denen man Kuhtreiber war, auf denen man später selbst den Pflug geführt hat und die umbrechende Scholle in ihrer Farbe, ihrer erdigen Beschaffenheit beobachten konnte. Ich kannte alle Felder meiner Verwandten, weil ich darauf Kartoffeln gegraben, Weizen geerntet oder Runkelrüben ausgemacht hatte. Ich wußte, wem die Äcker in der Nähe gehörten, denn beim gemächlichen Gang der Kühe blieb Zeit zum Sproochen, kein Traktorenlärm störte. Die Zeit zum Reden hat man sich damals leichter als heute genommen. Ich will das Fernsehen nicht in Bausch und Bogen verdammen, aber Fernsehen isoliert, behindert – die Vereine spüren es – gemeinschaftliches Engagement.

Es war ehedem nicht alles besser, und es ist heute nicht alles schlechter. Wege zu suchen, wie jeder in unserem Dorf gut – das heißt zunächst in seinen Entscheidungen geachtet – leben kann, diesen Freiraum zuzugestehen, wäre unsere erste Aufgabe, wenn das Zusammengehörigkeitsgefühl gestärkt werden soll.

Die Grenzen der Heimat bleiben nicht konstant auf derselben Linie, sie verlaufen an verschiedenen Stellen, je nachdem von wo aus und wann man sie betrachtet. Hätten wir sie vor neunzig Jahren, also bevor Thalexweiler mit Buslinien an das Netz der Eisenbahn angebunden war, in einer Bürgerversammlung festgelegt, dann wären im Süden und Norden Feldenhofen und Höchsten die Grenze gewesen, im westlichen Aschbach und nordöstlichen Steinbach hätte schon ein je anderer Menschenschlag gehaust. Wir Thalexweiler Buben haben noch nach dem Krieg diese minder geachteten Aschbacher Kerle nach der Christenlehre nicht selten mit Steinwürfen aus dem Dorf getrieben. Steinbach haben wir uns wegen der unbestimmbaren Unsicherheiten nur im Schutz der Horde genähert, Dörsdorf war noch gefährlicheres Terrain.

Wie rasch und tiefgreifend der Wandel sich vollzogen hat, ist am drastischsten an der Grenze zum weitgehend protestantischen Dirmingen demonstrierbar. Einem heutigen Jugendlichen ist nur mühsam zu vermitteln, wie Dirmingen für „Freierschleute" geradezu verbotenes Gelände war. Im 19. Jahrhundert gab es in Thalexweiler nur eine Mischehe, und zwar von einem preußischen Verwaltungsbeamten. Der Dirminger Wald bildete die Grenze zu einer irrgläubigen Welt. Die Katholiken, die dort leben „mussten", existierten in einer für gottlos gehaltenen Diaspora. Heute dagegen sind wir alle ganz damit einverstanden, ja wir sind stolz darauf und begrüßen es, dass der protestantische Pfarrer von Dirmingen die evangelischen Christen aus unserer Umgebung in der Kirche von Thalexweiler zum Gottesdienst versammelt. Die konfessionelle Annäherung wächst, die Wertschätzung des gemeinsam Christlichen nimmt zu. Daran konnte auch Kardinal Ratzinger, der heutige Papst, mit seinem Lehrschreiben Dominus Jesus nichts ändern.

Diese Periode der strikten Abgrenzung ist vorbei, denn wir sind durch die Gebietsreform zu Städtern avanciert, d.h für die typisch Städtischen: wir haben allen kleinkarierten Lokalpatriotismus aufgegeben und denken jetzt Lebach-weit. Erst in Eppelborn, Tholey, Schmelz beginnt heute die nicht mehr so ganz unheimliche Fremde. Ja, es lassen sich Ursachen für die Ausweitung des Heimatgefühls dingfest machen. Ich will einen Bereich nennen. Was war das für ein Triumph, wenn Thalexweiler in Aschbach ein Fußballspiel in der Meisterschaftsrunde gewonnen hatte! Wie sind dann die Humpen gekreist, die Fäuste geflogen und wieviele Gesichter waren von einem Hieb mit dem Stuhlbein gezeichnet. Vorbei diese kernigen Zeiten! Heute kicken in Jugend- wie Altherrenmannschaften Thalexweilerer Fußballer mit Aschbacher und Steinbacher Spielern ohne Rivalität in schönstem Einverständnis zusammen. In solchen Mannschaften purzeln die Vorurteile, und wenn unsereinem, denn ich war selber lange dabei, zuletzt in der AH D (über 60), dann gelegentlich einmal ein Mitspieler aus den Fußballhochburgen Theley oder Hasborn anerkennend auf die Schulter klopft, tut das wohler, als wäre es nur ein Aschbacher gewesen. Bei dieser Gelegenheit wird dann selbst Hasborn zur Heimat gerechnet.

In Bali allerdings oder Brasilien fühlen wir uns bereits jedem verbunden, der nur ein paar Wörter deutsch sprechen kann, ihn empfinden wir dort als einen Nahestehenden, mit dem man in Kontakt kommen möchte, er weckt heimatliche Empfindungen und wir sind geneigt, mit ihm einen kameradschaftlichen Umgang zu suchen, denn bekundet es nicht eine große Zuneigung für uns, dass er die schwierige deutsche Sprache zu lernen auf sich genommen hat.

Also: je näher daheim, um so enger die Heimat, je weiter fort, um so größer die Heimat. Heimat entsteht im Gefühl, nicht nach geographischen Gegebenheiten. Immer ist Vertrautheit, Geborgenheit im Spiel. Heimat ist zunächst dort, wo man geboren wurde, wo man bleibt, wo man sich grüßt, wo es Nachbarschaftshilfe gibt, wo man das Gefühl hat, sich aufeinander verlassen zu können. In der Fremde entstehen Heimatgefühle schon aus flüchtigen Anstößen. Gerüche lösen sie oft aus, vor allem aber der Klang der deutschen Sprache. Heimat hat also keine festen Grenzen. Heimat kann man verlieren, obwohl man daheim bleibt, denn immer wieder schafft insbesondere das Dorfmilieu zu unser aller Unglück auch Außenseiter, und das sind Heimatlose.

Heimat ist nicht zu allen Zeiten heimelig. In der Nazizeit z.B. war die Heimat für manchen im Wortsinn unheimlich. Drei Beispiele aus Thalexweiler, Bliesen und Tholey seien angeführt. Ein Bergmann, der 1942 bei einer Skatrunde seinem Herzen Luft machte und bekannte, dass er den Krieg für verloren hält, wurde bald danach – obwohl schon älter und in einem kriegswichtigen Betrieb beschäftigt – an die Russlandfront eingezogen. Weil er nicht auf Menschen schießen wollte, meldete er sich freiwillig zu den Sanitätern, dem Truppenteil, der die meisten Toten zu beklagen hatte. Er erlitt eine schwere Verwundung und wurde zu den Toten aussortiert. Weil er Sanitäter war, konnte er seine Verletzung selbst versorgen und überlebte. Nach dem Krieg hat er dann erfahren, dass er von einem Skatbruder verraten worden war. Ein Bäckermeister musste in den Krieg, weil er einen Feindsender gehört hatte. Sehr bald schon bekamen seine Frau und die beiden

Kinder die Nachricht, dass er gefallen war. Ein Missgünstiger hatte ihn angezeigt. Eine Jüdin aus Tholey, deren deutscher Mann im Krieg war, durfte mit ihren vier Kindern im Dorf wohnen bleiben, bis eine Frau den Ortsgruppenleiter bedrängte, es sei ihr nicht zuzumuten, mit einer Jüdin in derselben Straße zu wohnen. So kam die Mutter ins Konzentrationslager Mauthausen. Die Geschichte des Verrats, der Missgunst in unseren Dörfern wird wohl nie geschrieben werden. Wo man einander gut kennt, einander vertraut, dort ist man vor Arglist und Übelwollen noch lange nicht zu allen Zeiten sicher.

Brauchen wir überhaupt die Heimat noch so dringlich wie früher, als der Gemeinschaftssinn zum Überleben notwendig war? Ohne Nachbarschaftshilfe hätten die Geißenbauern wie wir bis in die frühen 50er Jahre überhaupt nicht existieren können. Zum Bestellen der Felder brauchte man ein Gespann. Wir bekamen es meist von Häns und Agnes. Dafür haben wir dann beigegriffen, wenn sie in die Kartoffeln mussten oder Heu gemacht haben. Nachbarschaft war wechselseitig von Nutzen. Heute kann man, ohne dass die Folgen eingreifend spürbar würden, aneinander vorbeileben, mit bloßem Grüßen auskommen, sich gar aus dem Weg gehen. Viele merken nicht einmal, was ihnen dabei an Heimat verloren geht. In der Stadt wird das Heimatgefühl weniger handgreiflich angetroffen.

Noch ein paar Anmerkungen zu unserer Muttersprache, d.h. zu unserem Dialekt. Als wir 1984 in La Cuarde auf der Ile de Ré Ferien gemacht haben, konnte unser Martin in einem dortigen Bistro einen Tisch mit uns völlig unbekannten deutsch-sprechenden Leuten ganz sicher mit „Guten Abend ihr Wiesbacher" begrüßen. Ich habe Zweifel, ob man heute noch, vornehmlich bei jüngeren Saarländern, deren Herkunftsort durchs bloße Hinhören auf ihren Dialekt zuverlässig bestimmen könnte. Um anzudeuten, was uns mit der Mundart verlorengeht, will ich nur zwei Sprichwörter nennen: „Wenn de Koor drenkscht, dann haschde Hawwer" oder: „Der es e so fromm, wat der bronzt es Weihwasser". Diese erfahrungsgesättigte, oft (auch verletzend) direkte, saftige, überaus bilderreiche Mundart wird unweigerlich einer faden, farblosen Umgangssprache geopfert. Eine Sprache, die ein

über Jahrhunderte gewachsenes Lebensgefühl, hellwache Beobach-
tungsgabe und tiefe Erfahrungen gebildet haben, geben wir dran, weil
wir nicht Selbstbewusstsein genug haben, uns gegen eine verwaschene
„Saarbrigger Umgangssprache" zu behaupten, so dass also ein verrück-
ter Minderwertigkeitskomplex unsere schöne Mundart das Leben kos-
ten wird. Natürlich kann man von der schicken Thalexweilerin nicht
verlangen, dass sie an der Saarbrücker Kuchentheke „e Steck Käskou-
che" bestellt.

Bei heutigen Verhältnissen – die allermeisten arbeiten außerhalb
des Dorfes – wäre es eine illusorische Position, den Leuten von Thalexweiler anzuraten, ausschließlich, also in jeder Situation, auch dort,
wo der Dialekt kaum verstanden würde, unsere Mundart zu sprechen.
Es genügte, wenn wir es untereinander täten, sonst schiene mir ein
Hochdeutsch – womöglich dialektgefärbt, wie es die Schwaben und
Bayern und erst recht die Schweizer ungeniert für sich in Anspruch
nehmen – angebracht. Gegen die Übernahme des wässerigen Saar-
rigger Umgangsdeutsch als unsere Alltagssprache aber sträuben sich
mir die Haare.

Johannes Kühn bewahrt für unseren Landstrich in seinen Mund-
artgedichten den wunderbaren Erfahrungsreichtum, der in dieser
Sprache zum Ausdruck kommt.

Zum Schluss noch einige Randbemerkungen zu unserem spezifischen saarländischen Heimatgefühl. Das Heimweh, das jeden Saarländer befällt, der nur für einen Monat in die Pfalz muss, bekundet, wie
sehr wir unserer saarländischen Art ausgeliefert sind. Wir bekommen
in der Fremde nicht bloßes „Verlangen", uns trifft, wie es Ludwig Harig beobachtet hat, ein wahrhaftiges Weh, Heimweh nämlich nach daheim, wo unsere Freunde sind, wo man nicht unachtsam aneinander
vorbeiläuft, sondern den Entgegenkommenden mit gurre Morjen und
gurre Owend grüßt, damit anzeigt, dass man füreinander gute Wün-
sche hat. Ebenso ist durch Ludwig Harig die Saarländische Freude für
die ganze Bundesrepublik ein Markenzeichen unserer Region geworden. Sie ist nicht allein eine spontane, unpersönliche Freude, nein, sie
ist eine „harte Errungenschaft des fröhlichen Menschen", kurzum, wir

dürfen uns die saarländische Freude als Verdienst anrechnen, sie ist nicht nur dichterische Erfindung. Fast jeder Deutsche aus dem Reich bestätigt uns auch, wie gut es sich hier bei uns Saarländern leben lässt. Für die anderen sind wir keineswegs in erster Linie das Land von Kohle und Stahl, wir waren seit Menschengedenken das Land dieses unverwechselbaren, nirgends sonst erreichten wunderbaren saarländisch heiteren Zusammenlebens.

Unser Dorf hat noch gemeinschaftsbildende Kraft in sich. Beim historischen Umzug vom Sommer 2000 haben wir es erlebt.

Arno Krause

Die europäische Identität des Saarlandes

Geht es um Diskussionen mit Bürgern anderer Bundesländer über das Saarland, taucht unweigerlich die Frage auf, was denn nun so großartig Besonderes an diesem einst – am 1. Januar 1957 - mit der alten Bundesrepublik politisch vereinten Bundesland sei. Die Antwort des saarländischen Gesprächspartners verweist unweigerlich auf die besondere Kompetenz des Landes in den deutsch-französischen Beziehungen und in der europäischen Integration. Bemerkenswert bleibt, dass die nicht-saarländischen Bundesbürger diese Selbstidentifikation sofort akzeptieren und dem Saarland die besondere Rolle in diesen politischen Feldern zugestehen.

Aber wird hier nicht doch ein Mythos zelebriert, der mit der Realität nur bedingt etwas zu tun hat? – Ist nicht Baden-Württemberg mit seinen alemannischen Nachbarn im Elsass auf vielfältigere Weise verflochten, als das in unseren Breitengraden der Fall ist? Hält Rheinland-Pfalz an der deutsch-französischen Grenze und seiner beispielhaften Partnerschaft mit Burgund sowie die Aachener Gegend an der deutsch-niederländisch-belgischen Grenze nicht ebenso viele Kontakte und Lösungen für die Alltagsprobleme bereit, die durch den Grenzverkehr entstehen? Die Antwort ist vielfältig und eindeutig zugleich.

Zunächst einmal ist es die Geschichte, die das Saarland geprägt hat und weiter prägt. Auch wenn manche einen (allgemeinen) Verlust an Geschichtsbewusstsein beklagen, so ist doch unsere Mentalität ein Ergebnis der historischen Auseinandersetzungen um dieses Land.

Einige Stichworte mögen genügen, um den Konsens darüber herzustellen: Die militärische Betrachtung durch Preußen führte zur Einordnung des Gebietes als Aufmarsch- und Etappenzone im Blick auf eine Auseinandersetzung mit Frankreich (wie auch aus nationaler französischer Sicht des unmittelbaren Nachbarn Lothringen in der Be-

fürchtung eines Angriffs durch Preußen / Deutschland). Dies erklärt
auch den Verlauf der Bahnlinien, die nicht nur der Wirtschaft, sondern auch dem Truppentransport dienen sollten. Lange Zeit schienen
auch Erze aus Lothringen und Kohle aus dem Saarland aufeinander
angewiesen. Man versuchte, dieses Gebiet zusammenzuhalten, aus je-
weiliger nationaler Sicht. Kohle und Stahl waren die Schicksalsworte
und umkämpften Güter in dieser Gegend.

Vom frühen 19. Jahrhundert bis zum Ende des Ersten Weltkrieges
bestimmte Preußen die Geschicke der saarländischen Industrie. Die
Bergwerksverwaltung schuf sich mit der alten Bergwerksdirektion in
Saarbrücken ein architektonisch gelungenes Herrschaftssymbol, das
wir heute mit Fug und Recht als einen wichtigen Erinnerungsort im
Saarland ansehen dürfen. In der Völkerbundszeit übernahm dann die
französische Grubenverwaltung und nach 1945 als „Régie des Mines
de la Sarre" das Ruder.

Das Saargebiet befand sich damit in einer kritischen nationalen
Randlage, ein Phänomen, das selbst durch in zwei Volksabstimmun-
gen 1935 und 1955 bewiesene „vaterländische Treue" nicht aus der
Welt zu schaffen war.

Auf den Trümmern des Deutschen Reiches wurde 1947 das Saarland in seinen heutigen Umrissen gegründet. Seine Sonderentwick-
lung hat wesentlich zu einem saarländischen Bewusstsein beigetragen.
Man sollte aber hier auch betonen, dass es viele Saarländer gab, die aus
dem Grauen des Krieges heraus verinnerlicht hatten, dass es nur einen
Weg gab, in Zukunft solche Katastrophen zu vermeiden: Man musste
die Ursachen der Gegensätze beseitigen. In diesem Sinne war es dann
die Europäische Gemeinschaft für Kohle und Stahl, die diese für kriegerische Auseinandersetzungen geradezu grundlegenden Rohmateria-
lien gemeinschaftlicher Verantwortung unterstellte. Für das Saarland
war das ein Segen.

Getrübt wurde diese Entwicklung jedoch durch den Umstand,
dass Frankreich nach Kriegsende auf der Abtrennung des Saarlandes
bestand, um seine Reparationsforderungen für entstandene Kriegs-
schäden durch die Eingliederung der Saarwirtschaft in den französi-

schen Wirtschaftsraum erfüllen zu können. Mit diesem Gebietsverlust konnte und wollte sich das verbliebene Westdeutschland nicht abfinden. Die sich anbahnende europäische Integrationsentwicklung, die in der Montanunion und im Europarat ihren sichtbaren Ausdruck fand, musste die quälende Auseinandersetzung um die Zukunft des Saarlandes verkraften. Der Ausweg aus diesem Dilemma – das auch vor dem Hintergrund des Kalten Krieges zu bewerten ist - sollte deshalb mit dem Vorschlag der „Europäisierung des Saarlandes" gefunden werden. Um diese auch für die Bevölkerung attraktiv zu machen, sollte der Sitz der Montanunion von Luxemburg nach Saarbrücken verlegt werden. Ein europäischer Kommissar sollte die enge Anbindung an Frankreich neutralisieren und die wirtschaftlichen Beziehungen nach Deutschland schrittweise den bestehenden französischen Bindungen angleichen. Von Anfang an wurde diese Entwicklung von einer starken, engagierten und überzeugten Europabewegung begleitet.

Die Diskussionen um ein Europäisches Statut für das Saarland wurden allerdings sowohl im Europarat als auch der Montanunion leidenschaftlich und hart geführt, blockierte und bestimmte dieser „Zankapfel" zwischen Deutschland und Frankreich doch in hohem Maße die Weiterentwicklung der europäischen Integration. Im Ringen um die Lösung der Saarfrage wurde auch deutlich, dass die nationalen Interessen und Souveränitätsansprüche noch immer eine dominante Größe darstellten, so dass der direkte Weg nach einem supranationalen Europa mit nahezu unüberwindlichen Hindernissen gepflastert war.

Die Ablehnung der Europäischen Verteidigungsgemeinschaft (EVG) am 30.08.1954 in der französischen Nationalversammlung und damit auch des Vertrags für eine europäische politische Gemeinschaft musste als Wendepunkt der bisherigen Europapolitik verstanden und gewertet werden. Auf das Referendum bezüglich der Lösung der Saarfrage durch ein europäisches Statut am 23.10.1955 hatte diese Entscheidung vom 30.08.1954, wie auch das Ergebnis zeigte, einen nicht unwesentlichen Einfluss. Die Saarländer votierten mit 2/3 Mehrheit

für Nein, was als ein klares Bekenntnis zu einer Eingliederung in die
Bundesrepublik Deutschland gewertet wurde.

Die Auseinandersetzungen, die während der dreimonatigen Re-
ferendumskampagne um das Europäische Saarstatut stattgefunden
haben, hätten zu erheblichen Verwerfungen in den deutsch-französischen Beziehungen führen können, insbesondere wenn Frankreich
darauf bestanden hätte, den bis dahin geltenden Status bis zum Friedensvertrag fortbestehen zu lassen.

Es war zunächst diplomatische Kunst, mit der das verhindert wurde,
dann aber auch die traditionelle Einstellung Frankreichs zum Plebiszit
sowie der damit verbundene Respekt gegenüber dem Volkswillen und
schließlich auch die Haltung eines großen Teils der „Neinsager", die
ihre Ablehnung nicht als antifranzösisch aufgefasst wissen wollten. Der
innersaarländische Modus vivendi machte es möglich, die kulturellen
Bande zum Nachbarland aufrecht zu erhalten und Ausgangspunkte
für später wieder intensivere Beziehungen zu bewahren.

Immerhin hatte die Regierung Johannes Hoffmanns mit tätiger
Hilfe Frankreichs insbesondere im Bildungs- und Kulturbereich Her-
ausragendes geleistet:

Die Gründung der Universität des Saarlandes, der Musikhochschule des Saarlandes sowie der Staatlichen Schule für Kunst und Handwerk sind bis auf den heutigen Tag Glanzpunkte dieser weitsichtigen
und zukunftsorientierten Politik. Der städtebauliche Impetus dieser
Zeit mit einer Art Masterplan des Corbusier-Schülers Georges Henri
Pinguisson blieb zwar in den Anfängen stecken, schuf immerhin mit
dem Gebäude des heutigen Kultusministeriums in Saarbrücken, dem
ehemaligen Regierungssitz des französischen Hohenkommissars Gil-
bert Grandval, und dem Deutsch-Französischen Gymnasium in der
Halbergstrasse eindrucksvolle Denkmale und Erinnerungsorte an diese Zeit.

Die immer enger werdende Zusammenarbeit zwischen Paris und
Bonn einerseits und die fortschreitende europäische Einigung andererseits veränderten die saarländische Sonderstellung.

Obwohl das Land nach und nach als ehemaliger Zankapfel aus dem Brennpunkt der deutsch-französischen Beziehungen herausrückte, wussten die politisch Verantwortlichen im Laufe der Zeit die sich bietenden Chancen zu nutzen, und zwar in vielfältiger Weise. Man könnte plakativ sagen: Je mehr die europäische Integration voranschritt, desto größer wurden die Handlungsspielräume des Saarlandes. Das kann man ablesen an der Entwicklung der Universität mit ihren auf Europa ausgerichteten Studiengängen, die heute, was Europakompetenz betrifft, eine erste Adresse in der deutschen Hochschullandschaft sind und hohen internationalen Rang genießen. Das wird auch deutlich an der deutsch-französischen und europäischen Ausrichtung der übrigen Hochschulen des Saarlandes sowie an der immer weiter wachsenden Kooperation der Hochschulen im Saar-Lor-Lux Raum. Dieses Umfeld trug entscheidend dazu bei, dass es seinerzeit Ministerpräsident Oskar Lafontaine gelungen war, die Deutsch-Französische Hochschule mit kräftiger Unterstützung der maßgeblichen gesellschaftlichen Organisationen und Verbände, die von der Europabewegung im Saarland initiiert und koordiniert wurden, nach Saarbrücken zu holen.

Gleiches gilt für das Deutsch-Französische Sekretariat für die berufliche Bildung, das von Saarbrücken aus eine große Zahl von Austauschmaßnahmen organisiert und dessen Aktionsradius laut einer kürzlich getroffenen Vereinbarung zwischen Deutschland und Frankreich verdoppelt werden soll.

Wenn es um die deutsch-französische Kompetenz und die Bereitschaft geht, die Erfahrungen und Beziehungen des Saarlandes als Brücke zwischen beiden Nachbarländern einzubringen, dürfen wir zu Recht darauf hinweisen, dass das Deutsch-Französische Gymnasium in Saarbrücken sowohl von der Größe als auch mit Blick auf seine bi- und multinationale Schüler- und Lehrerschaft ein wichtiger Standortfaktor geworden ist.

Auch die Europäische Akademie Otzenhausen und die mit ihr verbundenen Stiftungen sind in ihren europa- und weltweit ausstrahlenden Aktivitäten einzigartig und an der Entwicklung der europäischen Großregion maßgeblich beteiligt.

Von ganz herausragender Bedeutung ist die – im Vergleich zur Bevölkerungszahl – hohe Zahl von vier Abgeordneten des Saarlandes im Europäischen Parlament. Sie leisten dort eine Arbeit, die nicht nur den Interessen des Saarlandes dient, sondern auch weit darüber hinaus beachtet wird. Sie sind Botschafter des Saarlandes im besten Sinne, und dies mit stärkerer Rückkopplung an ihre Wähler, als das anderswo der Fall sein kann.

Gleichzeitig vertiefen sich die Begegnungen der Menschen an der Grenze, nicht nur durch lebhaften Besucherverkehr, die Nutzung der Einkaufsmöglichkeiten und des Preisvergleichs, sondern auch durch Arbeiten und Wohnen diesseits und jenseits der ehemaligen Trennungslinien. Unterstützt wird dieser Trend durch die intensiver gewordene Zusammenarbeit etwa des Stadtverbandes Saarbrücken mit den Städten und Gemeinden des Départements Moselle, zusammengeschlossen im – durch das Karlsruher Abkommen ermöglichten – Zweckverband „Zukunft-Saar-Moselle-Avenir". Dort werden gemeinsame Projekte geschmiedet, die dann im Rahmen der nationalen Gesetze umgesetzt werden. Mögen auch aus saarländischer Sicht die Beziehungen mit Metz und Nancy weniger eng sein als zwischen Forbach und Völklingen oder Saarbrücken, in jedem Fall gilt: Die unterschiedlichen Kulturen und Verhaltensweisen werden in den gemeinsamen Beziehungen als Chance und Bereicherung empfunden.

Ein großer Teil der Menschen kann sich mit diesen Zielsetzungen identifizieren. Man braucht sich nur im Deutsch-Französischen Garten, einem Symbol und Erinnerungsort grenzüberschreitender Beziehungen, umzusehen: Mindestens die Hälfte der Besucher sind Franzosen aus der Nachbarschaft.

Es wäre aber verfehlt, Europa nur in den intensiver gewordenen Beziehungen des Saarlandes zu Frankreich konkretisiert zu sehen.

Ganz erheblich ist auch der Einfluss des Großherzogtums Luxemburg, nicht nur deshalb, weil es zum wirtschaftlichen Motor der Großregion geworden ist, sondern auch, weil es dieser neue Horizonte eröffnet. Die Grenzen sind nicht nur formal beseitigt worden, man hat wahrhaft Vertrauen zueinander entwickelt, bis dahin, sein Heim auch auf der anderen Seite der Grenze zu errichten, was gerade in jüngster Zeit in Perl auf der saarländischen Seite in beachtlicher Zahl vermeldet wird. Die Zahl der Einpendler aus dem Saarland ins Großherzogtum wächst, viele Lothringer arbeiten schon lange bei unseren moselfränkischen Nachbarn, und Luxemburg bietet die Brücke zum neu hinzugekommenen Wallonien. Es ist aber auch ein Vorbild für die ganze Region – durch seine Sprachenpolitik. Luxemburgisch ist selbstverständlich, aber Deutsch, Französisch und Englisch ebenso: Das ist ein klarer Ausweis für Internationalität, die in der zusammenwachsenden Welt der Globalisierung herausragende Bedeutung hat und Geltung verschafft. Das Saarland kann nur profitieren, wenn es diesem Beispiel konsequent folgt.

Im Übrigen kann sich das Saarland gegenüber anderen Bundesländern nicht zuletzt durch Mehrsprachigkeit profilieren, insbesondere durch die konsequente Vermittlung des Französischen, der Sprache des Nachbarn, die schon im Vorschulbereich gelehrt wird.

Ebenso wichtig sind die Kenntnisse der französischen Kultur und des französischen Marktes. Die interregionale grenzüberschreitende Begegnung, der Kulturaustausch und die Stärkung des Bewusstseins gemeinsamer historischer Wurzeln eröffnen neue Zukunftschancen, sie fördern das Zusammenwachsen der Großregion und den europäischen Integrationsprozess.

Trier, Luxemburg, Metz und Saarbrücken sind für sich genommen keine echten Metropolen. Aber aufgrund der besonderen Beziehungen dieser Städte untereinander entsteht ein attraktives Geflecht metropolitaner Urbanität.

In den europäischen Hauptstädten werden solche Bestrebungen bisweilen belächelt. Aus nationalem Blickwinkel finden sich – neben Luxemburg als Nationalstaat – die Regionen Lothringen, Rheinland-Pfalz und das Saarland zweifelsohne in einer Randlage, diese kann jedoch durch systematische Zusammenarbeit überwunden werden.

So gesehen ist die immer wieder aufkommende Diskussion um den Fortbestand des Saarlandes eigentlich müßig. Die Saarländer haben zweifellos eine historische Identität, die ergänzt und erweitert wird durch weitere Identitäten: die deutsche, die grenzüberschreitende und die europäische. Aber die Zukunft kann nur europäisch sein. Dazu gehört freilich, dass man in einer globalisierten Wirtschaft und Gesellschaft niemals die eigenen Ambitionen aufgeben darf und dass man die Zukunft eigenverantwortlich gestaltet, bevor man sich dem vermeintlich Stärkeren in die Arme wirft. Nur so kann man entscheidend punkten. Die Devise muss lauten: die eigene Identität verteidigen, Verantwortung übernehmen und die europäische Zukunft gemeinsam gestalten.

Kurt Bohr

Ein besonderes Land
Politische Kultur im Saarland

Was heißt politische Kultur?

Fragt man einen Saarländer nach typisch saarländischen Verhaltensweisen in Sachen Politik, im Umgang mit „der Regierung", mit „dem Amt", dann könnte er versucht sein, eine Reihe geflügelter Worte zu gebrauchen. Als erstes wird er vielleicht die Wendung anführen: „Ich kenn do äner, der do äner kennt". In heiklen Situationen vertraut man an der Saar einem offenbar sehr leistungsfähigen System von „Brückenköpfen" informeller Sozialbeziehungen im Terrain bürokratischer Institutionen.

Vielleicht wird der Befragte auch auf die Besonderheiten von „saarländischen Lösungen" verweisen, jene saarländische Form von pragmatischen Entscheidungen, bei denen stillschweigend prinzipielle Meinungsverschiedenheiten oder auch offizielle Vorschriften ausgeklammert werden, um eine Handlungsfähigkeit auf dem gemeinsamen Nenner herzustellen, der sich auf einmal als gar nicht mehr so klein erweist. Vielleicht wird er auch auf ein grundsätzliches Harmoniebedürfnis, die Scheu vor der Austragung harter Konflikte und das verlegene Eingeständnis „ich wollt net nä sahn" verweisen.

Weder der Begriff des „Politischen" noch der der „Kultur" sind eindeutig bestimmbar. Immerhin können wir auch von einer „literarischen Kultur", einer „Musikkultur" oder „Vereinskultur" eines Landes, einer Region sprechen und uns verständigen, was jeweils damit gemeint ist. Der Begriff „Kultur" in solchen Zusammensetzungen meint meist die Summe der verfestigen Einstellungs- und Verhaltensmuster, die vom Einzelnen bei seinem Hineinwachsen in die ihn umgebende Gesellschaft erworben worden sind.

Den Begriff „politische" Kultur könnten wir zunächst einmal analog zu jenen Teilkulturen verstehen. Man könnte sich dahingehend einigen, dass „politische Kultur" die generellen Muster der Verhaltensweisen im Umgang mit Handlungen, Personen und Institutionen meint, die wir dem Feld des „Politischen" zuzuordnen gewohnt sind. Ein so unscharfer Begriff hat die Politikwissenschaft natürlich nicht ruhen lassen. Die Fragenkomplexe ihrer Fachliteratur lassen sich wie folgt zusammenfassen: Einmal meint „politische Kultur" die Frage nach Verhaltensdispositionen und Verhaltensmustern der politischen, wirtschaftlichen und kulturellen „Eliten" - der Machtträger also.

„Politische Kultur" meint aber auch die Dispositionen zur Teilhabe an politischen Handlungen durch die Bürger. Es geht dabei um Einstellungen, Meinungen und Werthaltungen der Bevölkerung gegenüber dem jeweiligen Regierungssystem und den politischen Institutionen, also die Art und Weise der Konfliktaustragung.

Bei der politischen Kultur geht es alles in allem um die psychosoziale Identität, die in der Mentalität und dem „Wir-Gefühl" der Saarländer zum Ausdruck kommt.

Rand- und Grenzlage

Seit einigen Jahren wird bei der Analyse saarländischer Geschichte vor allem des 19. Jahrhunderts, der Zeit der preußischen bzw. bayerischen Herrschaft, aber auch der Zeit bis 1947 und darüber hinaus, ein Modell diskutiert, das eigentlich für die Analyse politischer, gesellschaftlicher und wirtschaftlicher Strukturen von Kolonialgebieten etwa nach der Art der unterentwickelten Regionen in und außerhalb der europäischen Staatenwelt entwickelt worden ist. Das Modell beschreibt das Beziehungsgeflecht zwischen sogenannten „Peripherien" und „Metropolen".

Gemeint ist bei dem Ansatz die Tatsache, dass das Industrierevier an der Saar mit seinem halbmondförmig sich anlagernden Arbeitereinzugsgebiet und dem schmalen agrarischen „Hinterland" ökonomisch und politisch lange Zeit von außerhalb liegenden „Metropolen" gesteuert und kontrolliert wurde, also zur Peripherie dieser Machtbereiche gehörte und entsprechende Prägungen davontrug.

Wie das Saarrevier als preußische „Industriekolonie" zwischen 1815 und 1918 von Berlin bzw. Koblenz aus nach den fiskalischen und ökonomischen Interessen Preußens etabliert wurde, ist von Historikern bereits gut erforscht. Sicherlich ist das Phänomen der preußischen Fremdherrschaft in anderen Regionen der ehemaligen preußischen Rheinprovinz, etwa im Hunsrück oder in der Trierer Gegend, ausgeprägter als im Saargebiet. Auch die Existenz einer gewissermaßen „einheimischen" regionalen Wirtschaftselite in Gestalt der Stahlbarone des 19. und des beginnenden 20. Jahrhunderts mag die Kolonialismusthese abschwächen. Aber das prinzipielle Phänomen der politisch-ökonomischen Kontrolle von außen zieht sich wie ein roter Faden durch die Geschichte des Saarreviers.

Man denke an die Zeit von 1918 bis 1935, in der das Saargebiet nach den ökonomischen Interessen Frankreichs gesteuert wurde und politisch durch die als ungeliebte Fremdherrschaft empfundene Regierung der Völkerbundskommission bevormundet wurde.

Auf der anderen Seite wissen wir, dass der als nationales Fanal wirkende 100tägige saarländische Bergarbeiterstreik auch von außen, aus dem Reich, gesteuert war. Damals, 1923, ging es weniger um die unmittelbaren lohnpolitischen Interessen der saarländischen Arbeiter. Seine Härte und seine Dauer von mehr als drei Monaten – übrigens durchaus entgegen den Bedenken der einheimischen Gewerkschaften – erreichte der Streik, weil er von der konservativen Regierung Cuno von Berlin aus finanziert wurde. Diese hatte an der Dauer des Streiks im Saargebiet insofern ein Interesse, als damit die Position der Reichsregierung gegenüber Frankreich in den Auseinandersetzungen um das Ruhrgebiet gestärkt werden konnte.

1935-45 ist das Gebiet an der Saar „Grenzmark" und Aufmarsch-
gebiet für den Westkrieg, seine Industrie wird als Waffenschmiede für
die geplanten Eroberungskriege der Nazis gebraucht. Wieder wird das
Land an der Saar von außen kontrolliert, im Staatszentralismus der
Nationalsozialisten.

Sein Status als französisches Wirtschaftsprotektorat nach 1945 bzw.
1948 fügt sich in diese Reihe ein.

Fremde Herren

Hand in Hand mit dieser externen Kontrolle geht die Tatsache,
dass politische, ökonomische und kulturelle „Eliten" von außen im-
portiert wurden. Lange Zeit war das Saarrevier nur „Durchgangssta-
tion", Sprungbrett für Karrieren von „Hergeloffenen". Von wenigen
alteingesessenen Industriellenfamilien abgesehen, war der Staats- und
Verwaltungsapparat, vor allem aber der Apparat der Bergwerksdirektion fest in fremder, meist in protestantisch-preußischer Hand.

In der Regel aber standen diese „fremden Herren" in den oberen
Etagen der Verwaltungs- und Wirtschaftsgebäude in scharfem sozialem, politischem und konfessionellem Gegensatz zur einheimischen
Arbeiterbevölkerung, die, wie auch die Landbevölkerung, im katholischen Sozialmilieu verankert war.

Man muss sich klarmachen, dass erst in den zwanziger Jahren dieses
Jahrhunderts überhaupt ein „eingeborener" Saarländer, der das Vertrauen der saarländischen Parteien besaß, eine verantwortliche Regie-
rungsposition innehatte: der katholische Arbeiterführer Bartholomäus
Koßmann, Zentrumsabgeordneter vor dem 1. Weltkrieg und Mitglied
der Regierungskommission des Völkerbundes zwischen 1924 und
1935.

Diese „fremden Herren" brachten der Saarbevölkerung rasch wechselnde politische Systeme ein, die vornehmlich deren Interessen dien-
ten. Von der einheimischen Bevölkerung wurden sie vor allem als Im-
port und Oktroy erlebt und z. T. erbittert bekämpft und abgelehnt.

Man mache sich dies immer wieder klar: Wer vor dem I. Weltkrieg geboren ist, besitzt möglicherweise fünf Pässe und hat die Auswirkungen einer ganzen Reihe verschiedener Formen staatlicher Organisation erfahren.

Staat, Regierung und Verwaltungshandeln wurden von einem Großteil der Bevölkerung als etwas erlebt, mit dem man sich weniger zu identifizieren als zu arrangieren hatte. Die stets problematische Balance von äußerer Loyalität und verstohlener innerer Renitenz konnte in den Extremfällen nationaler Auseinandersetzung in erbitterte Ablehnung und listenreiche Abwehrkämpfe umschlagen.

„Der Staat, das sind die anderen" – das galt für das 19. Jahrhundert, trotz aller Hurrarufe auf den preußisch-deutschen König und Kaiser, der nicht nur oberste staatliche Autorität, sondern auch oberster Arbeitgeber der Bergleute war. Der Staat, das waren seine missliebigen Beamten, die Kontrolleure und Schikaneure, die Antreiber und Lohnkürzer.

1918/19 waren es die Franzosen, die die von den Kieler Matrosen initiierten Arbeiter- und Soldatenräte nach Hause schickten. Der politische Gegner, den es zu bekämpfen galt, waren nicht die Anhänger einer anderen Partei oder die Mitglieder einer anderen Klasse. Der eigentliche Gegner, damit stimmten auch die Kommunisten und Linkssozialisten an der Saar spätestens seit den zwanziger Jahren überein, der eigentliche politische Feind war der „Franzos" oder seine Handlanger, die Chefs der mines domaniales und die Völkerbundsregierung. In der Ablehnung des Völkerbundsstaates war man sich weitgehend einig. Die politischen Sehnsüchte richteten sich, wie man bei Johannes Kirschweng nachlesen kann, auf ein nebulöses, eher ständisch geprägtes „Reich".

Auch das Dritte Reich hat diese Strukturen weiter verfestigt. Bekanntlich wurden ab 1935 die Partei- und Verwaltungsstellen vorrangig mit Vertrauten des pfälzischen NSDAP-Gauleiters Bürckel besetzt. „Uff die Bääm, die Pälzer kumme!" Welches Selbstbild mag dahinter stecken, wenn die Einheimischen sich vor dem Einmarsch der „braunen Pfälzer" den Rückzug „auf die Bäume", angeraten haben? Auch

die volkstümliche Interpretation der Bergwerksdirektion in Saarbrücken als „Westfalenhalle" spricht Bände.

Sozialer Protest mit politischen Komponenten

Die „fremden Herren", die sich in den oberen Etagen breitmach-
ten, und das notwendig gebrochene Verhältnis der Saarbevölkerung
zu den rasch wechselnden politischen Systemen waren der Boden für
eine kollektive Erfahrung der Identität von sozialem und politischem
Protest, der untrennbaren Vermischung von politischen und sozialö-
konomischen Zielsetzungen bei Streiks und Arbeitskämpfen.

Man nehme die „große Streikzeit" der neunziger Jahre in der preußischen Industriekolonie, die Zeiten der französischen Grubenherr-
schaft oder die Epoche der Nazi-Herren an der Saar: Arbeitskämpfe
richteten sich immer auch gegen die fremden Herren und deren staatliche Organisationen. Diese Überlagerung von Kämpfen um soziale
und arbeitsrechtliche Verbesserungen mit nationalem oder kulturel-
lem politischen Protest gegen die Zumutungen regierungsamtlichen
Handelns hatte allerdings eine durchaus ambivalente Wirkung. Auf
der einen Seite konnte der Arbeitskampf von den Arbeitgebern leicht
als politische Agitation angeprangert werden. Auf der anderen Seite
erhielten die sozialen Auseinandersetzungen etwa der Völkerbundszeit
und der Zeit nach 1945 gerade durch die nationale Komponente ihre
unversöhnliche Härte und Schärfe.

Das „Antipreußentum" der renitenten Sozialdemokratie und der
katholischen Bergarbeiterschaft konnte als unwürdiges Rumoren „va-
terlandsloser Gesellen" im „Saarabien" der Herren Stumm und Röchling diffamiert werden. Umgekehrt erhielt 1923 das Aufbegehren der
Bergarbeiter gegen die Restriktionen der französischen Grubenverwaltung erst durch den nationalen Protest gegen die Fremdherrschaft seine hunderttägige Härte und Radikalität.

Zu erinnern ist auch an den Protest von 6.000 Lothringen-Gän-
gern gegen die für ihren Geldbeutel schmerzlichen Auswirkungen der

nationalsozialistischen Devisenpolitik (1937), der nur durch massiven Einsatz von Gestapo und Trierer Polizei unterdrückt werden konnte. In diese Reihe gehört auch der rasch politisch aufgeladene Metallarbeiterstreik vom Februar 1955, dem sich fast 70.000 Metallarbeiter angeschlossen hatten. Anlass war die im Vergleich zum „Wirtschaftswunderland" der Bundesrepublik negative Lohnentwicklung und die Ablehnung der Forderung nach einer 15%igen Lohnerhöhung. Die Zielrichtung wurde aber rasch das Autonomiekonzept der Regierung Johannes Hoffmann.

Das sind gewiss nur Schlaglichter, aber sie können ex negativo deutlich machen, wo eigentlich das soziale Substrat jener vielfältigen und im Ganzen recht erfolgreichen Anstrengungen der jeweiligen Herren des Saarreviers zu suchen ist – jener Anstrengungen, der Saarbevölkerung mit allen Mitteln der politischen und sozialen Pädagogik einen ihren Interessen entsprechenden Identitätskittel anzumessen, geschmückt mit den Blumen von „urtümlichem Harmoniebedürfnis" oder dem sozialromantisch verklärten schwer arbeitenden, aber bodenständigen und zufriedenen „Bergmannsbauern".

Identitätszumutungen und Selbstbilder

Die populären Selbstbilder der Saarländer heute, jene Metaphern vom „Glatten", „Runden", von der angepassten „Lummerkeit", die sich ja zwischen den verschiedensten Buchdeckeln als „typisch saarländisch" gut verkaufen lassen, zeugen von dem Erfolg jener unterschiedlichen Anstrengungen kultureller Kolonisierung.

Etwas polemisch formuliert ließe sich die Geschichte der sozialen und politischen Selbstbilder der Saarbevölkerung auch als eine Geschichte der Identitätszumutungen und des Imports kultureller und sozialer Identitätsmuster schreiben. Mir scheint, die historischen Wurzeln jener Autostereotypen bis zur „Saarländischen Freude" Ludwig Harigs verweisen auf ein kompliziertes Wechselspiel zwischen Identitäts-Angebot und Identitäts-Nachfrage.

Auf der einen Seite wurden der Saarbevölkerung immer neue har-
monisierte Identitäten zur Überdeckung von Interessen und Klassen-
gegensätzen in politischen Krisenzeiten angeboten, auf der anderen
Seite entsprachen sie dem durchaus originären Bedürfnis nach Ruhe,
Heimat und erfülltem Leben für die Menschen in einer Region, die
seit ihrer Entstehung als sozial, ökonomisch und politisch abgrenzba-
rer Raum in den letzten 200 Jahren nie zur Ruhe gekommen ist.

Man kann diese wechselnden Lebensbestimmungen der Saargebietsbewohner Revue passieren lassen:

- Das erste Leitbild ist das des preußischen Bergarbeits-„soldaten",
  uniformiert, eingebunden in die Hierarchie von militarisierten und
  streng reglementierten Staatsbetrieben, der mit Hilfe seines Prämi-
  enhauses sesshaft und sozial wehrlos gemacht wurde.
- Im Zuge der industriekapitalistischen Orientierung des Saarberg-
  baus wird das Idealbild der bodenständige, nationalbewusste und
  arbeitsame Bergmannsbauer. Wie viel Anstrengung wurde darauf
  verwandt, ihm einzureden, die Doppelbelastung als Lohnarbeiter
  und Kleinbauer sei der ideale Lebenszweck! Wünschenswert war
  dieses Muster einer Doppelidentität von Bergmann und Bauer vor
  allem aus lohnpolitischen Gründen.
- Das Dritte Reich wollte den Saargebietsbewohner als lebendes
  Bollwerk an der Grenze, als eine Art Westwall des Deutschtums gegen ein angeblich jüdisch-kapitalistisch verseuchtes Frankreich. Es
  konnte dabei auf Traditionen des Selbstverständnisses zurückgreifen, deren Wurzeln weit in die Zeit vor dem Abstimmungskampf
  zurückreichen.
- Schließlich wurde der Saarländer „Grenzland"-bewohner im neu-
  en Sinne, nicht als „Bollwerker", sondern als „Brückenschläger",
  Bauhandwerker an der Brücke der Versöhnung, auf der deutscher
  Michel und französische Marianne sich nach dem II. Weltkrieg begegnen sollten.

Lebenspraktische Stabilität und Identität verlieh den Menschen an der Saar jedoch etwas anderes.

Christlich geprägtes Sozialmilieu

Die Integrationskraft des politischen Katholizismus – als Zentrum oder später als CVP – und die sozial stabilisierende Wirkung der christlichen Gewerkschaften an der Saar bildeten mit ihren subkulturellen Verankerungen sicher die wichtigsten gesellschaftlichen Kräfte, die die politische Kultur des Landes und die in der Regel erstaunlich moderaten Austragungsformen der sozialen Konflikte prägten.

Eine besondere Bedeutung kam dabei der katholischen Soziallehre und der Vorherrschaft eines christlichen Menschenbildes zu. Das, was heute rückblickend als katholisches Milieu an der Saar bezeichnet wird, eng gebunden an Vereine und eine konfessionelle Schul- und Lehrerbildungspolitik, haben auch die NS-Machthaber nicht aufbrechen können.

Im Vergleich zur sozialen Wirksamkeit des Katholizismus hat sich so etwas wie ein sozialistisch geprägtes Arbeitermilieu nur spät, seit der Jahrhundertwende und verstärkt in der Völkerbundszeit, entwickeln können. Seine gesellschaftsprägende Kraft war nie so stark wie die des Katholizismus.

Autonomie überschattet von Separationsängsten

Es gehört zur Tragik der Geschichte des Saarraumes, dass jene beiden Phasen, in denen zumindest partiell eine von „einheimischen Eliten" getragene Gestaltung des politischen Lebens möglich gewesen wäre, mit einer internationalen Konfliktlage nach den beiden Weltkriegen überlagert wurde, die Formen regionaler politischer Eigenständigkeit nur unter fremdnationalem, d.h. französischem Protektorat hätten entstehen lassen können.

Wenn Autonomie begriffen wird als innere regionale politische Selbstbestimmung, dann war sie in der Geschichte des Saarlandes bis 1955 immer verbunden mit dem Schreckgespenst der Autonomie als „Separation", als politisch-staatliche „Abtrennung von Deutschland".

Die so genannte „Völkerbundszeit" hatte dem Saargebiet eine durchaus selbständige Formierung der politischen Kräfte ermöglicht, relativ unabhängig von den Frontstellungen der Mutterparteien im Reich. Man kann den 1922 eingerichteten Landesrat durchaus als ein politisch-demokratisches Übungsfeld ansehen, auf dem sich die saarländischen Parteien und Politiker relativ unbelastet von den Problemen der Weimarer Republik vor allem im sozial- und kulturpolitischen Bereich entfalten konnten.

Rückt man die Zeit zwischen 1919 und 1935 aus dem verzerrten Blickwinkel der nationalen Auseinandersetzungen, dann erscheint sie als eine Epoche der kulturellen Liberalität, der Modernität und Internationalität und auch des sozialen und politischen Fortschritts. Dass die Form der politischen Auseinandersetzung im Landesrat dann im Sumpf nationaler Agitationen und gegenseitiger Kollaborationsverdächtigungen verkommen ist, gehört mit zur Tragik der Geschichte der politischen Kultur unseres Landes.

Eine ähnliche Situation mag man für die Zeit von 1947 bis 1955 sehen: Damals scheiterte die Utopie einer antinationalen Lösung der Saarfrage, getragen von saarländischen Politikern, die als engagierte Hitlergegner ausgewiesen waren und die die beiden typischen Sozialmilieus des Saarlandes repräsentieren konnten.

Die „Ära Hoffmann" war geprägt von der politischen Kooperation von Teilen der Sozialdemokratie und des politischen Katholizismus. Auf der einen Seite ein sozialdemokratischer Bergmann aus Schiffweiler, der eben aus einem Nazi-Zuchthaus befreit wurde: Richard Kirn; und auf der anderen der im Kampf gegen die drohende Nazidiktatur politisch profilierteste Katholik der Vorkriegszeit, der CVP-Vorsitzende Johannes Hoffmann aus Landsweiler, einem Nachbarort von Schiffweiler.

Vor allem im Bereich der Kulturpolitik sind in diesen beiden Phasen der saarländischen Geschichte erhebliche Anstrengungen unternommen worden. Immerhin sind so bedeutende und nachhaltig wirksame kulturelle Institutionen wie Saarland-Museum, Moderne Galerie, Universität, Musikhochschule und die ehemalige Schule für Kunst und Handwerk in jenen „Autonomiezeiten" neu gegründet oder ausgebaut worden.

Unter dem autoritären, oft undemokratischen politischen Mantel entfaltete sich dennoch ein relativ hohes Maß an Modernität und Offenheit gegenüber den Kunstmetropolen außerhalb des Saarlandes.

Schlüsselerlebnisse: Die Saarabstimmungen 1935 und 1955

Es waren von außen aufgezwungene Konfliktsituationen und Entscheidungszwänge, die in eine mühevoll balancierte politische und kulturelle Aufbauarbeit und in abgeschirmten Idyllen von Heim, Familie, Verwandtschaft und Verein einbrachen. Vielleicht ist es nicht allein die erschreckende, ja für viele ungeheuerliche Erfahrung gewesen, wie tief und nachhaltig diese Konflikte in das von Arrangement, Anpassung und privater Identitätsverankerung geprägte politische und soziale Leben eintreten konnten. Nachhaltigere Wirkung auf die politische Kultur hatte vielleicht die Notwendigkeit, nach den Eruptionen von Hass, Diffamierungen, ja auch Gewalt, wieder zusammenleben zu müssen: nach 1945 mit denen, die vor der braunen Barbarei aus guten Gründen geflohen waren, und nach 1955 mit den als Separatisten abqualifizierten Autonomisten und Europäern. DSP und SPS fanden wieder schnell zueinander, an der Basis schneller als an der Spitze: Erst im Jahre 1986 erhielt Richard Kirn, der 1955 zu den Befürwortern des Statutes gehört hatte, den saarländischen Verdienstorden. CVP und CDU hatten größere Schwierigkeiten. Aber die ökonomischen und sozialen Umstrukturierungsaufgaben, die drohenden Montanprobleme und die mit der Integration in das Wirtschaftsgefüge der Adenau-

erschen Bundesrepublik erwachsenden Konkurrenzprobleme ließen
keine andere Wahl, als die Reihen wieder zu schließen.

Soziale Beziehungen: Ein dichtes Netz

Das Saarland ist eine der dichtestbesiedelten Regionen der Bundesrepublik, deutlich abgehoben von den Nachbarregionen Hunsrück,
Pfalz und Lothringen, wie jeder Autofahrer mit einem Blick auf die
Straßenkarte feststellen kann. Gegliedert ist es in ca. 350 historisch
gewachsene Ortschaften und Ortsteile, die durch die Gebiets- und
Verwaltungsreform von 1973 in 52 Großgemeinden zusammengefasst
worden sind. Die Region ist, verglichen mit anderen Flächenstaaten,
überschaubar, mit kurzen Wegen zwischen den Gemeinden. Im Unterschied zu den Stadtstaaten lebt der Saarländer nicht in anonymen
Wohnbezirken, sondern in kleinen Einheiten, in Gemeinden und Ort-
steilen, in denen jeder jeden kennt; man feiert miteinander, geht zusammen in die Gastwirtschaft, verbringt seine Freizeit in den gleichen
Vereinen, ist einander durch Heiratskreise und Verwandtschaftsbezie-
hungen verbunden. Zur Vereinsdichte liegen keine konkreten Zahlen
vor, auch sagt die Mitgliedschaft nichts darüber aus, wie weit sich der
Bürger in diesen Vereinen engagiert und verwirklicht; der Saarländer
scheint sich jedoch mehr als andere Bundesbürger in seiner Gemeinde
am Vereinsleben zu beteiligen.

Für diesen Rückzug ins Private habe ich bereits historische Ursachen aufgezeigt. Außer der Fremdherrschaft und der dadurch ge-
stiegenen Bedeutung von Primärgruppen – Freunden, Bekannten,
Verwandten – gehört dazu auch die in den Vereinen gepflegte Solidarität christlich und sozialdemokratisch orientierter organisierter Ar-
beitnehmerschaft. Sie bewertete soziale Beziehungen immer höher als
Aufsteigermentalität. Nachbarschaftshilfe wurde vor allem beim Häu-
serbau großgeschrieben, bei dem die Saarländer die Schwaben sogar
übertrafen und bei dem sie das Feiern bekanntlich nicht vergessen.
So kann durchaus ein Klima der Solidarität entstehen. Über Nach-

barschaft und Vereine entsteht ein Netz von sozialen Beziehungen am Ort: Man sieht sich häufig, redet miteinander und übereinander, hilft sich gegenseitig und kontrolliert den anderen, was den einzelnen von verschiedenen Seiten integriert. Da diese Vereine sich häufig aus Berufsgruppen entwickelten, die wiederum ganze Dörfer prägten, wie Hüttenarbeiter- und Bergmannssiedlungen, entstand ein System sich überlappender „Primärgruppen", wie die Soziologen sagen, das den einzelnen wirtschaftlich, psychisch und gesellschaftlich stabilisiert.

Diese „soziale Kontrolle" hat und hatte positive wie negative Konsequenzen: Einerseits wurde die Verelendung durch Nachbarschaftshilfe bis hin zur Schwarzarbeit aufgefangen, der so in Not Geratene durch die Solidarität der Gemeinschaft gehalten; andererseits schämten sich Bürger gerade kleinerer Gemeinden, die im Ort gelegene Gemeindeverwaltung aufzusuchen, um die Sozialhilfe zu beantragen. Vor allem in ländlichen Gemeinden blieb die Sozialhilfe deutlich unter der Marge, die nach der Arbeitslosenquote zu erwarten gewesen wäre.

Der sozialen Kontrolle unterliegt auch die Wahrnehmung staatsbürgerlicher Rechte und Pflichten. In allen Bundestagswahlen außer 1961 hatte das Saarland die höchste Wahlbeteiligung. Allerdings wurden hier auch die meisten ungültigen Stimmen abgegeben: Unzufriedene Wähler nahmen zwar an der Wahl teil, weil der Nachbar den Gang zur Wahlurne beobachtete oder Einblick in das Wählerverzeichnis hatte, wählten dann jedoch ungültig. Zieht man diese ungültigen Stimmen ab, liegt das Saarland mit seinen gültigen Stimmen immer noch an der Spitze der Bundesländer: Viele der auf diesem Wege zur Wahl gezwungenen Wähler haben sich dann doch noch für eine Partei entschieden.

Die soziale Kontrolle durch die Primärgruppen beeinflusst wohl auch die politische Meinungsbildung: In den Familien, in den Gaststätten, in den Vereinen werden Meinungen und Erfahrungen ausgetauscht, werden politische Entwicklungen kommentiert und nicht akzeptierte Ansichten zurückgewiesen. Neue Ideen werden ausführlich diskutiert, bis sie schon hier „mehrheitsfähig" sind. Einstellungen und politische Haltungen könnten in diesen Primärgruppen stabilisiert und gestützt werden, so dass sie sich nur langsam und langfristig ändern lassen. Liegt darin vielleicht die Ursache für die konservative Grundhaltung, die dem Saarländer nachgesagt wird?

Lange Zeit hat man für diese Erscheinung die Verspätung des Saarlandes, die Randlage, die Grenzlage, den Status als Kolonisierungsgebiet verantwortlich gemacht. Im Zeitalter der elektronischen Nachrichtenübermittlung dürfte die Randlage allein jedoch als Ursache einer konservativen Einstellung überbewertet sein. Da scheint das retardierende Element in den Primärgruppen doch eher zu erklären, dass Veränderungen in den politischen Einstellungen und neue politische Ideen das Saarland mit einer gewissen zeitlichen Verzögerung erreichten.

In einer solchen Atmosphäre sehr allmählicher Innovation ist kaum Raum für radikale Ideologien, die sofort alles ändern wollen: Ich habe schon angedeutet, dass die Kommunisten an der Saar in der Völkerbundzeit als gemäßigt gegenüber ihren Parteifreunden in anderen Reichsteilen galten. Die Nazis blieben Fremde, die Wahlerfolge der NSDAP blieben weit hinter denen im Reich zurück. Auch die NPD hatte – so gesehen – im Saarland keine Chance. 1969 stellt zwar das Saarland in der Bundestagswahl mit 5,7% NPD- Stimmen den Spitzenreiter unter den Bundesländern. Inzwischen ist die NPD im Saarland – abgesehen von einigen kommunalen Erfolgen – weitgehend in der Bedeutungslosigkeit versunken. Allerdings haben die NPD und andere Parteien des rechtsnationalen Spektrums, insbesondere in den neuen Bundesländern, teilweise spektakuläre Wahlerfolge auf kommunaler und auf Landesebene erzielt.

Kennzeichen Zusammengehörigkeitsgefühl

Die Primärgruppenbeziehungen konzentrieren sich offenbar auf den Montanbereich, wo die Siedlungs- und Vereinsdichte besonders hoch ist. Das Ergebnis dieser Konzentration ist ein Zusammengehörigkeitsgefühl, das als Kennzeichen einer eigenständigen regionalen politischen Kultur gilt. Dabei mag es an dem relativ hohen Anteil dieses vereinsstiftenden Montanbereiches im Saarland insgesamt liegen, wenn das Wir-Gefühl grundsätzlich alle Saarländer erfasst. Es gibt ja nicht den Rheinland-Pfälzer, nicht den Baden-Württemberger oder den Nordrhein-Westfalen. Es darf auch gefragt werden, ob in Bayern nur Bayern oder nicht vielmehr Franken, Oberpfälzer, Schwaben und Bayern zusammenleben mit einem schwächeren Zusammengehörigkeitsgefühl, als es die Saarländer zu verbinden scheint.

Die Verschärfung der Kohle- und Stahlkrise hat das Zusammengehörigkeitsgefühl der Saarländer in der Vergangenheit sicherlich eher gestärkt als geschwächt. Die Länderneugliederung, noch Anfang der siebziger Jahre in der Diskussion, ist heute kein Thema mehr. Sie würde von den Bewohnern der Region nicht mitgetragen.

Dennoch ist die Länderneugliederung angesichts der sich dramatisch verschlechternden Haushaltslage des Saarlandes mit rasant ansteigender Verschuldung durchaus wieder eine unterschwellig brodelnde Streitfrage mit ungewissem Ausgang. Ob sie von der Bevölkerung dauerhaft abgelehnt würde, wenn die Eigenständigkeit nur mit höheren Steuerbelastungen und scharfen Schnitten beim öffentlichen Dienst zu sichern wäre, dürfte als offen zu bewerten sein.

Es ist wohl angebracht, auch auf innersaarländische Grenzen dieser Primärgruppenbeziehungen hinzuweisen. Mit tiefem Misstrauen beobachten zum Beispiel die Saar-Pfälzer das Preußische: Der Bayerische Kohlhof, dem Ortsteil Limbach in der Gemeinde Kirkel über Hochzeiten, Kindtaufen, Beerdigungen und Vereine seit langem verbunden, durch die Gebiets- und Verwaltungsreform den „preußischen" Neunkirchern ausgeliefert, kämpfte unermüdlich für seine Rückkehr in die Saar-Pfalz. Auch dieses Eigenleben der Einzelregionen wie der Saar-Pfalz ist Bestandteil der saarländischen politischen Kultur. Eine Politik, die sich an der politischen Kultur des Landes orientiert, muss daher nicht nur das Selbstbewusstsein der Gesamtregion, sondern auch das Sonderbewusstsein der Einzelregionen respektieren.

Saarländisches Zusammengehörigkeitsgefühl zeigt sich auch in der Fähigkeit der Politiker dieses Landes, über alle parteipolitischen

Grenzen hinweg in den für das Land wichtigen Fragen zusammenzu-
arbeiten. So war es bei CVP und SPS bis zur Volksabstimmung 1955,
danach bei den Heimatbundparteien hinsichtlich der Politik des neu-
en Bundeslandes, aber auch bei Verfassungsänderungen und der Be-
wältigung der gewaltigen Montanprobleme bis hin bei Überwindung
des Konkurses von Saarstahl. Wenn auch in der Kohlefrage inzwischen
dieser Konsens aufgegeben wurde – CDU, FDP und Grüne wollen
einen Auslaufbergbau, die SPD und die Linken einen Sockelbergbau
– kann man insgesamt doch festhalten, dass sich die Zusammenarbeit
der politischen Parteien in zentralen Fragen des Saarlandes im Wesentlichen bewährt hat.

Wo jeder jeden kennt, mag es auch zwischen Politikern Intimfeind-
schaften geben, aber die persönliche Bekanntschaft, dieselben Freunde,
Kollegen und Vereinskameraden, derselbe Ort, aus dem man stammt
– dies alles erzwingt, so scheint mir, besondere Formen des Umgangs
miteinander. Politische Auseinandersetzungen wurden zumindest bis-
her nicht bis zur Vernichtung des Gegners getrieben.

Lieber direkt als auf dem Dienstweg

Und wie steht es mit dem Verhalten gegenüber politischen Institutionen? Die Einhaltung des Dienstweges ist im Saarland nicht un-
bedingt gefragt. Unter der Fremdherrschaft von Bayern, Preußen und
Franzosen waren persönliche Beziehungen, Leute aus dem privaten
Bereich, deren Verlässlichkeit man kannte, wichtiger als der Dienstweg
über preußische und französische Hierarchien. Oft scheinen Freunde
und Bekannte geradezu zu erwarten, dass ihre Dienste in Anspruch
genommen werden. Die Einhaltung des Dienstweges wird dann geradezu als Diskriminierung empfunden, weil einem die Hilfeleistung
offensichtlich nicht zugetraut wurde: „Warum hast du mich denn vorher nicht angerufen?" Über solche persönlichen Beziehungen mögen
häufig bereits im Vorfeld Probleme erkannt und Konflikte gelöst worden sein, bevor es zu Zuspitzungen und Prozessen kam.

Dabei liegen die Nachteile eines derartigen Verfahrens auf der Hand: Persönliche Beziehungen und Gerüchte verselbständigen sich und erhalten ein eigenes Gewicht.

Andererseits: Das Saarland ist das Land der kurzen Wege. Die Zwischenebene des Regierungsbezirks fehlt; zwar gilt dies in ähnlicher, ja noch ausgeprägterer Weise für die Stadtstaaten, aber in diesen wird der Vorzug des kurzen politischen Weges durch den offensichtlich noch stärkeren Nachteil weltstädtischer Anonymität neutralisiert.

Dennoch ist das Saarland keine Idylle. Komplexere Probleme können nicht an der Theke gelöst werden. Offen muss bleiben, wie weit sich über Vereine und Verbände eine Oligarchie bildet, eine Herrschaft einiger weniger Freundeskreise, deren Einfluss über informelle Kanäle vom Wähler nicht mehr kontrolliert und in Wahlen nicht legitimiert werden kann.

1976 noch wollte sich die Hälfte der Befragten in einer Umfrage weder zu den positiven noch zu den negativen Seiten der saarländischen Politiker äußern. Dies war nicht gerade das Bild einer bürgernahen Volksvertretung! Wie die übrigen Bundesbürger sahen sich auch die Saarländer überwiegend – zwischen 60% und 70% der Antworten – als Objekte einer Politik, die sich kaum um das kümmere, was Bürger denken. Die Mandatsträger und Vertreter von Regierungsgewalt stehen also vor dem Problem, wie weit sie den Erwartungen an eine bürgernahe Verwaltung entsprechen oder wie weit sie vom Bürger entfernt sind und damit die traditionellen Muster von Fremdbestimmung und Fremdherrschaft reaktivieren könnten.

Ein Fundament für die Zukunft

Die saarländische Lösung – der Versuch, über Kompromissbildung im kleinen Kreis, über ein Netz von persönlichen Beziehungen einen möglichst breiten Konsens über die machbare Politik herzustellen, Staat und Bürger in einem überlappenden System miteinander zu verbinden? Es mag darüber diskutiert werden. In jedem Fall werden wir die Fähigkeit zur Konsensbildung angesichts der Probleme, vor denen das Land steht, in Zukunft mehr denn je benötigen.

Langfristig ist aber auch die Konsensfähigkeit eines Landes, das sich auf ein dichtes Netz von Primärgruppen stützen kann, in Frage gestellt. Wir wissen nicht, wie lange noch solche Primärbeziehungen unsere Gemeinden prägen, ob sich unsere größeren Städte – Saarbrücken, Neunkirchen oder Saarlouis – in ihren Strukturen nicht anderen Städten anpassen. Die Bindung an größere Verbände, Kirchen wie auch Gewerkschaften, lässt nach, die Integrationskraft der von ihnen geprägten Vereine sinkt.

In letzter Zeit beobachten wir jedoch erfreulicherweise eine Wiederentdeckung des Regionalismus: Heimat ist nicht mehr einfach ein verkitschter Begriff oder ein politisch gefährlicher Fluchtort. Dialekte, Ausdruck regionalen Selbstbewusstseins, werden wieder häufiger gesprochen, auch Saarländer bekennen sich stärker als früher zu ihrer Sprache und Kultur. Hieran kann angeknüpft werden, wenn es darum geht, die Identität des Saarlandes zu wahren. Dabei sollten wir uns aber darüber im klaren sein, dass es der politischen Kultur nichts nützen würde, eine Art Identitätsstiftung e.V. zu organisieren; sie brächte vielleicht einen neuen Historikerstreit, aber nicht das politisch-kulturelle Engagement der Bürgerinnen und Bürger.

Politische Kultur, so könnte man das Fazit ziehen, ist im Saarland zunächst einmal geschichtlich begründet als öffentliche Anpassungsleistung an wechselnde Herren und wechselnde Systeme bei gleichzeitiger verstohlener Renitenz. Sie ist außerdem Ausfluss eines ständig notwendigen Arrangements mit offiziellen Identitätsmustern. Entscheidend für das innere Selbstbild und die lebenspraktische Orientierung waren und sind aber die gleichzeitige soziale und emotionale Verankerung und Loyalitätsbindung im privaten Bereich, in Primärgruppen und in denen des sozialen und konfessionellen Milieus. Drittens: Politische Kultur ist im Saarland historisch die des Streites unter dem Zwang, miteinander auskommen zu müssen. Das hat für die Politik manchen Vorteil, denn zum Streit gehört der Dialog.

Gekürzte und aktuell durchgesehene Fassung eines Referates, das Staatssekretär Dr. Kurt Bohr im Februar 1988 auf Einladung der Landeszentrale für politische Bildung und der Arbeitskammer des Saarlandes zur Einführung in die Tagung „Politik und politische Kultur im Saarland - 40 Jahre saarländische Eigenstaatlichkeit" gehalten hat. Dr. Wolfgang Bach, Dr. Jürgen Hannig und Dr. Walter Kappmeier haben wesentliche Beiträge bei der Vorbereitung dieses Referates geleistet.